KOCH DICH KRASS!

DIE 100 BESTEN REZEPTE
ZUM ERFOLGREICHEN PROGRAMM
MACH DICH KRASS VON DANIEL AMINATI

MACH DICH **KRASS**
by **DANIEL AMINATI**

INHALT

REZEPTE

Herzlichen Glückwunsch!

mit meinem ersten krassen Kochbuch hältst du nun nicht nur eine Sammlung von hundert krassen Rezepten in der Hand – sondern hoffentlich einfach einen kleinen Denkanstoß, einen kleinen *Boost*, ab sofort das Beste aus dir herauszuholen und dich im Alltag fitter zu fühlen.

Ich freue mich, dass du mit mir auf diesen kleinen kulinarischen Streifzug gehst und erfahren möchtest, wie du mit wenig Aufwand, einfachen Zutaten und sicher auch einer Menge Spaß leckere Gerichte zaubern kannst, die nicht nur richtig satt und glücklich machen, sondern das Zeug zum Lieblingsessen auf deinem Weg zum Traumbody haben!

In Topform zu sein ist nicht das Wichtigste im Leben – weder für dich noch für mich als sportverrückten Entertainer. Dennoch gilt auch für uns beide, dass Gesundheit, ein guter Körper und eine positive Ausstrahlung das Leben eines jeden Menschen zweifellos ein bisschen unbeschwerter machen. Aber dafür nur hungern, leiden und verzichten wollen wir auf gar keinen Fall, oder?

Ich bin der Meinung, dass das Leben manchmal anstrengend genug ist. Deswegen sollten wir es uns so genussvoll wie möglich gestalten. Man muss nur wissen, wie.

Ich brauche Power. Richtig volle Teller. Ich will satt sein, um jeden Tag 100 Prozent geben zu können und gesund zu bleiben.

Die gute Nachricht: Mit den richtigen Zutaten schadet das der Figur überhaupt nicht. Wer sich mit gesunden Sachen richtig satt isst, kennt keine Heißhungeranfälle mehr (Und wird auch das Wort „Jojo-Effekt“ aus seinem Wortschatz streichen können!).

Lecker muss es sein. Ideen- und abwechslungsreich. Und die Zutaten müssen gut und frisch sein.

Keine Lust habe ich hingegen darauf, zum einen ewig in der Küche stehen zu müssen (Man hat ja schließlich auch noch was anderes zu tun, nicht wahr?) und zum anderen auf vermeintliche Alltagsrezepte, für die man die schrägsten, ausgefallensten und exotischsten Zutaten braucht. Ich zaubere an geselligen Kochabenden mit Freunden gerne mal etwas Exquisiteres, aber fürs schnelle gesunde Mittagessen habe ich keine Lust auf Zutaten, die ich nicht mal vernünftig aussprechen kann und im Spezialhandel bestellen muss.

Im Alltag muss es flott gehen und alles Notwendige im Supermarkt um die Ecke zu finden sein.

Darauf habe ich bei meinen Rezepten geachtet. Du kannst sie unkompliziert, mit wenig Zeitaufwand und ganz normalen Lebensmitteln ohne Schnickschnack und Spezialwerkzeug zubereiten.

Ich verspreche dir: Mit diesem Buch wirst du auf neue Ideen kommen, viel Spaß in der Küche haben und ganz nebenbei noch die einen oder anderen Pfunde schmelzen sehen.

Worauf wartest du noch? Jetzt mal ran an die Töpfe, und zwar krass!

Viel Spaß, gutes Gelingen und Bon appétit.

Dein

DANIEL AMINATI

Meine Geschichte

FRÜHER:

Sport hat mich in meinem Leben schon immer begleitet. Als kleiner Knirps wollte ich unbedingt Fußballprofi werden und habe in den Jugendmannschaften von Alemannia Aachen und dem FC Bayern gespielt. Aber für den ganz großen Wurf hat es nicht gereicht. Da waren die Mannschaftskameraden Didi Hamann, Uwe Gospodarek usw. einfach besser. Es wurden für mich andere Arenen. Mit 15 hatte ich meine ersten professionellen Bühnenengagements als Hip-Hop-Tänzer, mit 21 kam der Sprung ins Musikgeschäft (Bed&Breakfast, 1. deutsche Boyband). Es folgten Ausflüge in die Schauspielerei (Alphateam, Verbotene Liebe etc.) bis ich schlussendlich in der Moderation gelandet bin.

MEIN WEG:
Was ich aber in all den Jahren eigentlich immer gemacht habe, ist Sport. Zugegeben, mal mehr mal weniger, das kennt ja jeder von sich. Ich habe aber durch die persönlichen und beruflichen Siege sowie die vielen Niederlagen gemerkt, dass Sport & gesunde Ernährung nicht nur die Eitelkeit befriedigen, sondern viel mehr geben! Da gibt es den mit Endorphinen durchströmten Körper und Glückszustand nach dem Training oder auch die Fähigkeit, mit Dingen besser umgehen zu können, die einen belasten. Sport hat mich zu einem ausgeglicheneren, zufriedeneren und vielleicht sogar zu einem besseren Menschen gemacht. Sich immer wieder neue Ziele zu setzen, zu fighten um »anzukommen«, manchmal auch an Grenzen zu stoßen, formt nicht nur den Körper, sondern auch den Geist. Ein glückliches Leben bedeutet für mich, bewusst zu leben, meinem Körper das zu Essen zu geben, was er braucht, auf sich zu achten und dabei nie den Spaß aus den Augen zu verlieren.

HEUTE:
Heute bin ich so glücklich, stark & fit wie noch nie in meinem Leben. Alles, was ich in meiner Laufbahn an Wissen und Erfahrung im Bereich Sport und Ernährung gelernt habe, habe ich in meinem Programm »mach dich krass« zusammengestellt. Ich zeige dir, wie leicht es ist abzunehmen, fit zu werden und sich besser zu fühlen: ohne Kalorienzählen, ohne Hungern und mit dauerhaftem Erfolg.

Big Time or no Time.

„Mit der richtigen Ernährung kann sich jeder krass machen.“

Daniel Aminati

NIE WIEDER DIÄT!

Das ist ein starkes Versprechen. Denn viele Diäten enden häufig mit dem gefürchteten Jojo-Effekt. Der Körper verliert dabei meist nur Wasser und Muskelmasse – und verbrennt weniger Kalorien. Isst du danach wie gewohnt, sind die Pfunde schnell wieder drauf. Kennst du das auch? Doch damit ist jetzt Schluss!

Das „mach dich krass"-Programm stellt deine Ernährung dauerhaft um, damit du ein Leben lang schlank und fit bleibst: mit höchster Flexibilität statt radikaler Vorgaben. Daniel zeigt dir Schritt für Schritt, wie einfach und lecker gesundes Essen sein kann. So wird es auf dem Teller nie langweilig.

Ganz wichtig: Wähle die richtigen Nahrungsmittel aus und esse dich daran satt. Nur mit dem besten Schlank-Food schmilzt das Fett, die Muskeln wachsen und Heißhunger bleibt aus. Welches Essen das kann, erfährst du auf den nächsten Seiten und natürlich in den krass genialen Rezepten …

Bääämmm!

DANIELS ERNÄHRUNGS-KONZEPT

Du willst endlich dein Wunschgewicht? Das braucht dein Körper!

SATTMACHER, SCHLANKMACHER UND KRAFTGEBER

Die Kombi aus tierischen und pflanzlichen Eiweißen hilft dir, Muskelmasse aufzubauen und zu erhalten. Wichtig dabei: die Qualität der Proteine. Denn je hochwertiger das Eiweiß, desto besser kann dein Körper es aufnehmen. Ideal sind zum Beispiel Fisch, Fleisch, Eier und Hülsenfrüchte. Diese Lebensmittel sind wichtig für die Energieverbrennung und ideale Sattmacher. So fällt dir das Abnehmen ganz leicht.

Mit „mach dich krass" setzt du Eiweiße richtig für deinen Traumkörper ein.

GUTE, WERTVOLLE FETTE

Sie gehören zu einer gesunden Ernährung – entscheidend sind die Qualität und die tägliche Menge. Denn: Fette sind Geschmacksträger, sie schützen die inneren Organe und transportieren fettlösliche Vitamine. Darum setzt Daniel vor allem auf pflanzliche Öle, Nüsse, Samen und Kerne.

Lerne, gute Fette von schlechten zu unterscheiden.

VOLLWERTIGE ENERGIESPENDER

Was dein Körper nicht braucht, sind leere Kalorien wie Nudeln, Brot, Reis, Torte, Riegel oder Limo. Stattdessen stehen vollwertige Kohlenhydrate auf deinem Speiseplan, wie sie in Gemüse und Hülsenfrüchten enthalten sind. Auch sie machen lange satt und helfen so beim Abnehmen.

Es gilt, Kohlenhydrate nicht auszuschließen, sondern die richtigen zu essen.

FIT-FOOD NACH DEM TRAINING

Was dein Körper nach dem Sport braucht: Speziell auf das Training abgestimmte After-Workout-Mahlzeiten. Sie enthalten eine Extraportion Kohlenhydrate, damit die leeren Energiespeicher direkt wieder aufgefüllt werden und die Regeneration optimal unterstützt wird. Und: Deiner Seele tun die Kohlenhydrate auch gut!

Mit den leckeren After-Workout-Shakes machst du alles richtig.

Mehr krasse Tipps gibt's auf Facebook

→ facebook.com/machdichkrass

DREI BAUSTEINE FÜR EINEN SCHLANKEN, FITTEN UND GESUNDEN KÖRPER

SAUBERE ERNÄHRUNG

- leckere und alltagstaugliche Rezeptideen mit wenigen Zutaten
- schnell zubereitete Gerichte, viele to go
- proteinreich und low carb, für schnelle Erfolge
- kein Verzicht, kein Hunger, dauerhaft das Gewicht halten
- moderate, nachhaltige Ernährungsumstellung statt radikaler, kurzfristiger Diät
- spezielle Rezepte, die nach dem Workout ideal sind
- wöchentlich neue Ernährungs- und Kochvideos mit Daniel
- Schlankwissen: Welche Lebensmittel sind gut für dich, welche solltest du meiden?
- ein Cheat-Tag pro Woche, an dem du alles und so viel essen kannst, wie du magst
- der Stoffwechsel läuft auf Hochtouren, Heisshungerattacken haben keine Chance!

KRASSES TRAINING

- effektives Bodyweight-Training mit dem eigenen Körper-gewicht
- wenig Aufwand, nur 3-mal 20 Minuten pro Woche
- aufeinander aufbauende Workouts, auch für Anfänger geeignet
- wöchentlich neue Trainings-Videos mit Daniel
- keine Geräte und kein Fitness-studio nötig
- trainiere zu Hause, im Urlaub, unterwegs, einfach überall
- aktiviere deine Freunde und trainiert gemeinsam
- Fett schmilzt, Muskeln wachsen und werden sichtbar
- werde mit Daniels Wissen zum Fitness-Pro
- nach 8 Wochen willst du nicht mehr aufhören!

SUPER MOTIVATION

- Daniel führt dich Schritt für Schritt durch sein Programm
- gemeinsam zum Ziel: Austausch in der Online-Community
- die besten Tipps und Tricks zum Durchhalten von Daniel
- mit Spaß zum Erfolg, Daniel pushed dich jeden Tag
- nur so bleibst du 8 Wochen am Ball, der innere Schweinehund hat null Chancen!

→ Bist du bereit für den krassesten Körper deines Lebens? Dann starte jetzt auf

www.machdichkrass.de

ERFOLGREICH ABNEHMEN: DIE DOS & DON'TS KRASSER ERNÄHRUNG

Do:

1. Täglich genügend Eiweiß essen
2. Gemüse, so viel du möchtest und in jeder Mahlzeit
3. Mindestens 2 Liter stilles Wasser pro Tag trinken
4. 7 bis 9 Stunden Schlaf pro Tag
5. Ein Cheat-Tag pro Woche, an dem du dir auch Schoki, Pizza & Co. gönnen darfst

Don't:

1. Ausnahmen machen, außer am Cheat-Tag
2. Gesüßte Getränke konsumieren
3. Sich von Kollegen verunsichern oder verführen lassen
4. Nicht bereit sein, selbst zu kochen
5. Zu wenig trinken

KRASSE **ERFOLGE**

ZEHNTAUSENDE SIND SCHON DABEI – UND DAS SIND DIE ERGEBNISSE

aus dem „mach dich krass"-Programm

MIRIAM HAT EINEN FLACHEN UND DEFINIERTEN BAUCH BEKOMMEN.

„Ich habe mich bewusst für euer Programm entschieden, da ich voll berufstätig bin und außerdem noch studiere. Somit ist meine Freizeit stark beschränkt. Trotzdem wollte ich auch als Ausgleich Sport treiben und 3x 20min. in der Woche hat wirklich jeder Zeit :-)"

MICHAEL HAT **10 KILO ABGENOMMEN.**

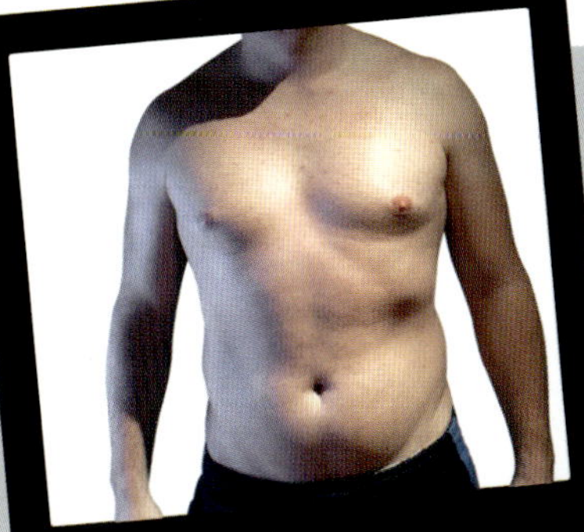
VORHER

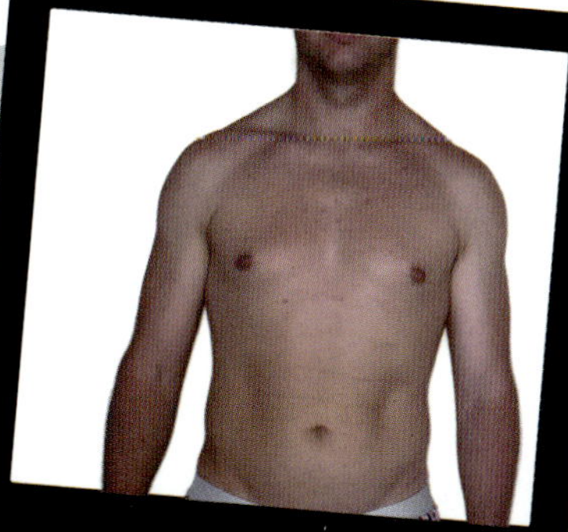
NACHHER

„Ich fühle mich immer besser, einfach gesagt: gesünder und fitter. Mein Fazit: das Programm ist wirklich der Wahnsinn!“

ANDRÉ HAT SEINEN **BEACHBODY** GESTÄHLT.

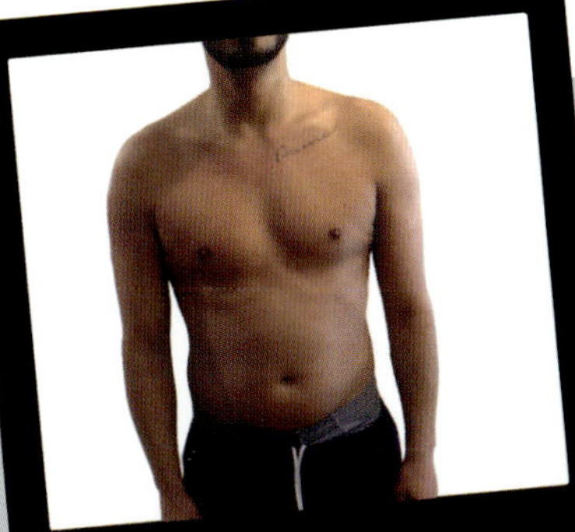
VORHER

NACHHER

„Ich möchte euch vor allem auch danken, da ich durch das Programm einen eisernen Willen und echtes Durchhaltevermögen erhalten habe. Vorher fiel es mir immer ziemlich schwer, einen Start zu finden und etwas durchzuziehen.“

Schreib’ deine eigene Erfolgsgeschichte auf www.machdichkrass.de

*„Wenn du Frühstück
im Bett willst,
schlaf in der Küche!“*

FRÜHSTÜCK

FRÜHSTÜCK

TOMATE-BASILIKUM-RÜHREI

ZUTATEN FÜR ZWEI PORTIONEN

4	**Eier**
2	**Eiklar**
1–2	**Handvoll Datteltomaten oder Cocktailtomaten**
1 TL	**Kokosöl**
4–5	**Basilikumblätter, alternativ Schnittlauch**
	Salz, Pfeffer

ZUBEREITUNG

- Eier und Eiklar mit 4 EL Wasser verquirlen. Mit Salz und Pfeffer abschmecken.
- Tomaten halbieren.
- Etwas Öl in einer Pfanne erhitzen und die Eiermasse in die Pfanne geben. Bei mittlerer Hitze kurz stocken lassen. Dann Tomaten hinzugeben und mit einem Pfannenwender langsam vom Rand zur Mitte schieben, bis alles gestockt ist.
- Rührei auf Teller verteilen und mit Basilikum bestreuen.

SHAKSHOUKA

ZUTATEN FÜR ZWEI PORTIONEN

8	**Eier**
100 g	**gekochter Schinken, gewürfelt**
1 kl.	**Zwiebel, gewürfelt**
4	**Tomaten, gewürfelt**
1	**Knoblauchzehe, gehackt**
1 TL	**Olivenöl**
1 Prise	**Cayennepfeffer**
	Salz, Pfeffer

ZUBEREITUNG

- Zwiebeln und Knoblauch in wenig Öl glasig dünsten.
- Die Tomaten und den Schinken hinzugeben und kurz mitbraten.
- Eier über der Tomatenpfanne aufschlagen und leicht stocken lassen. Mit einem Kochlöffel das Eiweiß (ohne das Eigelb zu berühren) unter die Tomaten mischen. Anschließend die Pfanne zudecken und weitere 5 Minuten stocken lassen.
- Shakshouka nach Geschmack mit Cayennepfeffer, Salz und Pfeffer würzen.

Du kannst statt Soja-joghurt auch Kokos-, Nuss- oder Sojadrink in dein Müsli mischen.

CRUNCHY NUSSMÜSLI

ZUTATEN FÜR ZWEI PORTIONEN

4 EL **Leinsamen, geschrotet**
4 EL **Nüsse, z. B. Walnüsse, oder Haselnüsse, gehackt**
2 EL **Kerne, z. B. Sonnenblumen- oder Kürbiskerne**
400 g **Sojajoghurt oder Mandeljoghurt, ungesüßt**
1 Msp. **gemahlene Vanille oder Zimt**

Nach Bedarf:
2 TL **Kokosflocken**

ZUBEREITUNG

- Nüsse und Kerne in einer Pfanne ohne Fett leicht anrösten.
- Joghurt in eine Schale füllen. Leinsamen und Nuss-Kerne-Mix darüber geben und mit Zimt bestreuen.
- Nach Geschmack mit Kokosflocken toppen.

SPIEGELEI MIT BAKED BEANS UND SCHINKEN

ZUTATEN FÜR ZWEI PORTIONEN

4	**Eier**
140 g	**Rohschinken, mager**
400 g	**weiße Bohnen in Tomatensoße, Dose**
	Salz, Pfeffer

ZUBEREITUNG

- Bohnen im Topf erwärmen.
- Den Schinken in einer beschichteten Pfanne ohne Fett knusprig braten und beiseite legen. In derselben Pfanne die Eier braten. Mit Salz und Pfeffer würzen.
- Spiegeleier, Bohnen und Schinken auf einem Teller anrichten.

NUSSBROT

ZUTATEN FÜR EIN KASTENBROT

2 EL	**Leinsamenmehl**
2 TL	**Backpulver**
140 g	**Haselnüsse, gemahlen**
40 g	**Sonnenblumenkerne**
20 g	**Kürbiskerne**
60 g	**Sesamsamen**
2 EL	**Kokosöl**
1 Prise	**Salz**
4	**Eier**
1 TL	**Kräuter, getrocknet z. B. Oregano**
1	**Kastenbackform**

ZUBEREITUNG

- Backofen auf 180 °C Ober- und Unterhitze vorheizen.
- Leinsamenmehl, Backpulver, Haselnüsse, Kerne (bis auf je 1 EL für die Deko) und Sesamsamen miteinander in einer Rührschüssel vermengen. Geschmolzenes Kokosöl, Eier, Salz und Kräuter unterrühren und alles zu einem glatten Teig kneten.
- Eine Kastenbackform mit Backpapier auskleiden. Teig in die Kastenform füllen und mit 1 EL Sonnenblumenkernen und 1 EL Kürbiskernen bestreuen. Die Kerne leicht andrücken.
- Brot für ca. 40 Minuten im Ofen backen. Gegen Ende der Garzeit die Garprobe mit einem Holzstäbchen machen: bleibt kein Teig mehr kleben, ist das Brot fertig.
- Brot aus der Backform heben und auskühlen lassen.

PAPRIKA-WALNUSS-AUFSTRICH

ZUTATEN FÜR ZWEI PORTIONEN

1 TL	**Kokosöl oder Olivenöl**
1	**Paprika, rot**
1 kl.	**Karotte**
½	**Schalotte**
1–2 EL	**Walnüsse, gemahlen**
1 EL	**Petersilie, tiefgefroren**
	Salz, Pfeffer

ZUBEREITUNG

- Gemüse putzen und grob zerkleinern.
- Kokosöl in einem Topf erhitzen und die Schalotte, Karotte sowie Paprika etwa 5 Minuten anschwitzen. Topf vom Herd nehmen.
- Kräuter und Walnüsse hinzufügen, mit Salz und Pfeffer abschmecken und mit einem Pürierstab pürieren.
- Der Aufstrich ist etwa 3 Tage im Kühlschrank haltbar.

AVOCADO-TOFU-AUFSTRICH

ZUTATEN FÜR ZWEI PORTIONEN

100 g	**Tofu**
1	**Avocado**
1–2	**Strauchtomaten**
1	**Frühlingszwiebel**
1–2 EL	**Petersilie, gehackt**
	Paprikapulver
	Salz, Pfeffer

ZUBEREITUNG

- Tofu mit einer Gabel zerdrücken. Avocado halbieren und Fruchtfleisch zu dem Tofu geben. Alles mit der Gabel gut vermengen.
- Tomate und Frühlingszwiebel klein schneiden und mit der Petersilie unterrühren.
- Mit Salz, Pfeffer und Paprikapulver würzen.

LOW CARB SCHOKO-NUSS-AUFSTRICH

ZUTATEN FÜR ZWEI PORTIONEN

200 g	**Haselnüsse, ganz**
1	**Prise Salz**
2 EL	**Kokosöl**
2 EL	**Kakao, stark entölt**
½ TL	**Bourbon-Vanillepulver, gemahlen**
	Stevia oder Erythrit zum Süßen

ZUBEREITUNG

- Backofen auf 170 °C Ober- und Unterhitze vorheizen. Die Haselnüsse auf ein mit Backpapier ausgelegtes Backblech verteilen und für ca. 5–8 Minuten im Ofen rösten.
- Nüsse in einen Standmixer geben und auf höchster Stufe fein pürieren.
- Kokosöl vorsichtig erwärmen. Gewürze, flüssiges Kokosöl und Kakao zu den Nüssen geben und alles zu einer cremigen Masse pürieren. Nach Bedarf noch etwas Kokosöl hinzufügen und mit Stevia oder Erythrit süßen.
- Schoko-Nuss-Creme in Gläser füllen und im Kühlschrank aufbewahren.

TOFU-„RÜHREI“ MIT GRÜNEN BOHNEN

ZUTATEN FÜR ZWEI PORTIONEN

300 g	**grüne Bohnen, tiefgefroren**
400 g	**Tofu, natur**
1 kl.	**Zwiebel, in Würfel geschnitten**
1 EL	**Rapsöl**
1 EL	**Mandelmus, ungesüßt**
1 EL	**Wasser**
½ TL	**Kurkuma**
	Salz, Pfeffer

ZUBEREITUNG

- Tiefgefrorene Bohnen in kochendem Wasser ca. 10 Minuten garen.
- Tofu mit den Händen zerbröseln.
- Öl in einer beschichteten Pfanne erhitzen. Zwiebeln darin anbraten. Den Tofu hinzugeben und ca. 4 Minuten mitbraten. Mit Salz, Pfeffer und Kurkuma würzen.
- 1 EL Wasser und Mandelmus hinzugeben, um eine saftigere Konsistenz zu bekommen. Zusammen mit den Bohnen auf einem Teller anrichten.

Mein **GOURMET-TIPP**

50 Gramm Räuchertofu mit den Zwiebeln kross anbraten, das ersetzt deftigen Speck.

Spinat, Tomaten, Champignons oder Frühlingszwiebeln machen sich ebenfalls prima als Gemüse im Tofu-„Rührei"!

ZWEIERLEI FISCH AUF GEMÜSE

★ *Für krasse Köche* ★

ZUTATEN FÜR ZWEI PORTIONEN

150 g	**Lachs, geräuchert**
150 g	**Forelle, geräuchert**
2	**Paprika, gelb**
1–2	**Knollen Rote Bete, vorgekocht**
1–2 EL	**Meerrettich**
1–2 TL	**Zitronensaft**

ZUBEREITUNG

- Paprika waschen, putzen und in sechs große Stücke schneiden.
- Rote Bete in sechs dicke Scheiben schneiden.
- Forelle mit Zitronensaft und Meerrettich in ein hohes Gefäß geben und mit dem Mixstab fein pürieren.
- Je drei Rote-Bete-Scheiben auf einem Teller anrichten und das Forellenmus darauf verteilen.
- Je drei Paprikastücke ebenfalls auf den Teller geben und mit dem Räucherlachs belegen.

Mein **GOURMET-TIPP**

Lachs mit gehacktem Dill bestreut servieren.

Wenn es schnell gehen muss, Forellenfilet nur mit Meerrettich bestreichen. Rote-Bete-Scheiben mit dem Fisch belegen und mit Zitronensaft beträufeln. Lachs und Paprika, wie beschrieben zubereiten.

ENGLISCHES FRÜHSTÜCK

★ *Für krasse Köche* ★

ZUTATEN FÜR ZWEI PORTIONEN

6 kl.	**vegetarische Bratwürstchen (ca. 200 g)**
400 g	**weiße Bohnen in Tomatensoße, Dose**
2	**Tomaten**
8–10	**Champignons**
1 TL	**Öl**
	Salz, Pfeffer

ZUBEREITUNG

- Bohnen im Topf erwärmen.
- Öl in einer Pfanne erhitzen und die Würstchen darin anbraten.
- Tomaten halbieren und mit der Schnittfläche in die Pfanne geben.
- Die Champignons vierteln und ebenfalls mitbraten.
- Gemüse mit Salz und Pfeffer würzen. Alle Zutaten auf einem Teller anrichten.

Du kannst auch frische Kräuter wie Petersilie, Basilikum oder Schnittlauch über die Bohnen geben.

OMELETT MIT CHAMPIGNONS UND KÜRBISKERNEN

★ *Für krasse Köche* ★

ZUTATEN FÜR ZWEI PORTIONEN

4	**Eier**
300 g	**Champignons**
1 TL	**Kokosöl**
1–2 EL	**Zwiebeln, tiefgefroren und gehackt**
1 EL	**Petersilie, tiefgefroren**
2 EL	**Kürbiskerne**
	Salz, Pfeffer

ZUBEREITUNG

- Eier mit einer Gabel verquirlen. Mit Salz, Pfeffer und Petersilie würzen.
- Champignons putzen und vierteln. Etwas Kokosöl in einer Pfanne erhitzen und die Zwiebeln und Pilze scharf anbraten. Mit Salz und Pfeffer abschmecken. Hitze herunter drehen.
- Die Eiermasse über die Zwiebel-Pilzmischung gießen und mit Kürbiskernen bestreuen. Pfanne mit einem Deckel schließen und für ca. 10 Minuten bei geringer Hitze stocken lassen.
- Omelett halbieren und umschlagen.

Zur Pilzsaison Omelett mit frischen Pilzen, z. B. Steinpilzen oder Pfifferlingen, zubereiten. Außerhalb der Pilzsaison kannst du auf tiefgefrorene Pilze zurückgreifen.

„Die Arbeit kann warten – das Frühstück nicht.“

FRÜHSTÜCK TO GO

Die Muffins kannst du beliebig mit Tomaten, Paprika, Erbsen oder Spinat füllen.

SCHINKEN-EI-MUFFINS

ZUTATEN FÜR VIER MUFFINS

4	**Eier**
100 g	**Schinken, mager**
150 g	**grüner Spargel, grob geschnitten**
	Salz, Pfeffer

ZUBEREITUNG

- Backofen auf 180 °C Ober- und Unterhitze vorheizen.
- Vier Muffinförmchen mit Schinkenstreifen kreuzweise belegen.
- Jede Mulde zuerst mit Spargelstücken füllen, danach die Eier aufschlagen und darüber gießen. Das Ganze mit Salz und Pfeffer würzen und im Ofen ca. 15 Minuten backen.

VANILLE-FRÜHSTÜCKS-SHAKE

ZUTATEN FÜR ZWEI PORTIONEN

2 EL	**Leinsamen, geschrotet**
2 TL	**Nussmus, ungesüßt**
300 g	**Sojajoghurt, ungesüßt**
2	**Espresso**
200 ml	**Kokosdrink, Nuss- oder Sojadrink**
1–2 TL	**Vanillepulver, gemahlen**

ZUBEREITUNG

- Alle Zutaten in einen Standmixer geben oder mit dem Pürierstab pürieren.

FRÜHSTÜCK TO GO

LACHS-RUCOLA-ROLLEN

ZUTATEN FÜR ZWEI PORTIONEN

200 g	**Räucherlachs**
2	**Eier, hart gekocht**
2–3	**Handvoll Rucola, in Streifen geschnitten**
2 EL	**Wasabi-Paste, alternativ Meerrettichpaste**

ZUBEREITUNG

- Die gekochten Eier fein würfeln.
- Den Räucherlachs mit Wasabi bestreichen. Räucherlachsscheiben mit dem gehackten Ei und etwas Rucola belegen und anschließend zusammenrollen.
- Lachs-Rucola-Rollen in eine Vorratsdose legen und fertig ist dein Frühstück to go!

Gib statt Erbsen beispielsweise Karotten- oder Zucchiniraspeln in den Muffinteig.

HERZHAFTE MUFFINS TO GO

ZUTATEN FÜR SECHS MUFFINS

2	**Eier**
4	**Eiklar**
200 g	**Erbsen, tiefgekühlt**
1 TL	**Curry**
	Salz, Pfeffer
6	**Muffinformen**

ZUBEREITUNG

- Backofen auf 180 °C Ober- und Unterhitze vorheizen.
- Eier und Eiklar mit einem Schneebesen schaumig schlagen und mit Curry, Salz und Pfeffer würzen.
- Erbsen auf die sechs Muffinförmchen verteilen. Die Eiermasse über die Erbsen gießen. Muffins ca. 15 Minuten im Ofen backen.

*„Wir müssen Fett verbrennen –
schmeiß den Grill an!“*

HAUPTGERICHTE
FLEISCH

PFEFFER-STEAK MIT BROKKOLI

ZUTATEN FÜR ZWEI PORTIONEN

2	**Rinderfiletsteaks à 180 g**
400 g	**Brokkoli, tiefgekühlt oder frisch**
1 TL	**Olivenöl**
1 EL	**Kokosmilch**
1 TL	**Pfefferkörner, bunt**
	Salz

ZUBEREITUNG

- Einen Topf mit leicht gesalzenem Wasser zum Kochen bringen. Brokkoli ca. 5 Minuten garen.
- Steaks mit Küchenpapier trocken tupfen.
- Etwas Öl in einer Pfanne erhitzen und die Steaks von beiden Seiten ca. 3 Minuten scharf anbraten. Fleisch herausnehmen und in Alufolie wickeln oder in einem Topf warm halten.
- Den Bratensatz in der Pfanne mit Kokosmilch und einem Schuss Wasser ablöschen. Pfefferkörner hinzufügen, zum Kochen bringen und ca. 1 Minute köcheln lassen. Nach Bedarf mit etwas Salz abschmecken.
- Steaks mit Brokkoli und Pfeffersoße auf einem Teller anrichten.

WOK-GEMÜSE MIT KALBSSTREIFEN

ZUTATEN FÜR ZWEI PORTIONEN

300 g	**Kalbsfilet, in Streifen geschnitten**
500 g	**Wok-Gemüse, tiefgekühlt**
2 TL	**Öl, z. B. Sesamöl, Kokosöl**
1 Stk.	**Ingwer, haselnuss-groß, geschält**
1	**Knoblauchzehe, grob gehackt**
	Salz, Pfeffer

ZUBEREITUNG

- 1 TL Öl in einem Wok, alternativ, einer beschichteten Pfanne erhitzen.
- Das Kalbsfilet darin scharf anbraten. Mit Salz und Pfeffer abschmecken. Fleisch aus der Pfanne nehmen und beiseite stellen.
- 1 TL Öl in die Pfanne geben und das Wok-Gemüse, Knoblauch und Ingwer darin scharf anbraten. Mit Salz und Pfeffer abschmecken. Gemüse mit einem Schuss Wasser ablöschen und ca. 2 bis 3 Minuten garen.
- Gebratenes Fleisch zum Gemüse geben, alles gut vermengen und heiß servieren.

Du kannst das Kalbfleisch durch Puten-, Hähnchen oder Rindfleisch ersetzen.

FRIKADELLEN MIT PORREEGEMÜSE

ZUTATEN FÜR ZWEI PORTIONEN

350 g	**Rinderhackfleisch**
1	**Ei**
1 TL	**Senf**
1	**Schalotte, gewürfelt**
500 g	**Porree, frisch oder tiefgefroren**
2 TL	**Kokosöl oder Gheebutter**
	Salz, Pfeffer

ZUBEREITUNG

- Porreestangen putzen und in etwa 10 cm lange Stücke schneiden.
- Etwas Öl in einer Pfanne erhitzen und den Porree darin scharf anbraten. Mit Salz und Pfeffer würzen und mit 150 ml Wasser ablöschen. Pfanne zudecken und Gemüse ca. 10–15 Minuten bei mittlerer Hitze bissfest garen.
- In der Zwischenzeit Hackfleisch, Ei, Zwiebeln und Gewürze gut verkneten. Aus der Hackfleischmasse die gewünschte Anzahl Frikadellen formen.
- Öl in einer weiteren Pfanne erhitzen und die Fleischbällchen zunächst von einer Seite scharf anbraten, wenden, Hitze herunterdrehen und zugedeckt ca. 8–10 Minuten weiterbraten.

Würze deine Frikadellen nach deinem Geschmack mit Chili, Ingwer, Knoblauch oder Kräutern.

GESCHNETZELTES MIT PILZEN

ZUTATEN FÜR ZWEI PORTIONEN

400 g	**Putenfleisch, in Streifen**
400 g	**Champignons, z. B. braun**
1–2	**Zwiebeln**
200 ml	**Soja-Kochcreme, fettarm**
2 EL	**Petersilie, tiefgefroren oder frisch**
2 TL	**Kokosöl**
	Salz, Pfeffer

ZUBEREITUNG

- Putenfleisch mit Küchenpapier abtupfen und in Streifen schneiden.
- Zwiebeln pellen und würfeln. Champignons putzen und vierteln oder in Streifen schneiden.
- Etwas Öl in einer Pfanne erhitzen, Putenfleisch darin scharf anbraten. Mit Salz und Pfeffer abschmecken. Zwiebeln und Pilze hinzufügen und ebenfalls anbraten.
- Puten-Pilzpfanne mit Soja-Kochcreme ablöschen. Nach Bedarf mit Salz, Pfeffer und Petersilie abschmecken.
- Dazu passt noch ein grüner Salat.

Statt Putenfleisch kannst du auch Hähnchen- oder Rindfleisch nehmen.

HÄHNCHEN-PAPRIKA-PFANNE

ZUTATEN FÜR ZWEI PORTIONEN

250 g	**Hähnchenbrust**
3	**Paprikaschoten, rot und gelb**
1	**Dose stückige Tomaten**
1–2	**Frühlingszwiebeln**
2 TL	**Kokosöl**
	Paprikapulver, edelsüß & rosenscharf
	Salz, Pfeffer

ZUBEREITUNG

- Hähnchenbrust in Streifen schneiden. Etwas Öl in einer Pfanne erhitzen und das Fleisch darin goldbraun anbraten. Mit Salz, Pfeffer und Paprikapulver würzen. Aus der Pfanne nehmen und warm halten.
- Paprikaschoten putzen und in Streifen schneiden. Frühlingszwiebeln in Ringe schneiden.
- Restliches Öl in der Pfanne erhitzen. Paprikastreifen und Frühlingszwiebel anbraten, mit gehackten Tomaten ablöschen und mit Salz, Pfeffer und Paprikapulver abschmecken. Hähnchenfleisch in die Paprika-Tomatensoße legen und noch einmal aufkochen lassen.

Mein GOURMET-TIPP

Würze deine Paprika-Tomatensoße mit frischen Kräutern, z. B. Basilikum oder Schnittlauch.

MEDITERRANE HACKBÄLLCHEN

ZUTATEN FÜR ZWEI PORTIONEN

250 g	**Rinderhackfleisch, fettarm**
1–2	**Zwiebeln**
400 g	**Zucchini**
2	**Paprika, rot und gelb**
400 g	**passierte Tomaten**
1 TL	**Kokosöl oder Gheebutter**
1 TL	**italienische Kräutermischung, getrocknet, Paprikapulver, edelsüß & rosenscharf**
	Salz, Pfeffer

ZUBEREITUNG

- Zwiebeln pellen und in feine Würfel schneiden. Zucchini und Paprika putzen und klein schneiden.
- 2 TL Zwiebeln und Hackfleisch vermengen, mit Pfeffer, Salz und Paprikapulver würzen und aus der Hackfleischmasse kleine Bällchen formen.
- Etwas Öl in einer Pfanne erhitzen. Hackfleischbällchen scharf anbraten. Restliche Zwiebeln und Gemüse hinzufügen und alles mit anbraten. Mit Pfeffer und Salz würzen.
- Passierte Tomaten in die Pfanne geben, mit Gewürzen und Kräutern abschmecken und für etwa 3–5 Minuten bei mittlerer Hitze köcheln lassen.

PAPRIKA-GULASCH

ZUTATEN FÜR ZWEI PORTIONEN

500 g	**gemischtes Gulasch (Rind und Schwein)**
125 g	**Zwiebeln**
2 TL	**Gheebutter**
300 g	**Paprika, rot und gelb**
2–3 EL	**Tomatenmark**
1 TL	**Paprikapulver, edelsüß**
1 TL	**Paprikapulver, rosenscharf**
	Salz, Pfeffer

ZUBEREITUNG

- Gulaschfleisch abtupfen und ggf. größere Fleischstücke halbieren.
- Zwiebeln pellen und klein würfeln. Paprika putzen und ebenfalls würfeln.
- Etwas Gheebutter in einer Pfanne erhitzen. Fleisch und Zwiebeln in 2 Portionen etwa 4–5 Minuten scharf anbraten. Alles kräftig mit Pfeffer, Paprikapulver und Salz abschmecken und in einen großen Topf füllen. Nach jedem Bratvorgang die Pfanne mit etwas Wasser ablöschen und den Bratensud in den Topf geben.
- Paprikawürfel in wenig Öl anschwitzen.
- Fleischtopf mit etwa 150 ml Wasser auffüllen und Tomatenmark unterrühren. Bei mittlerer Hitze etwa 1 ½ – 2 Stunden zugedeckt im Topf garen. Nach 1 Stunde die Paprikawürfel hinzufügen und nach Bedarf noch mit Salz, Pfeffer und Paprikapulver nachwürzen.

KOHL-HACK-TOPF

ZUTATEN FÜR ZWEI PORTIONEN

200 g	**Hackfleisch, mager**
1	**Ei**
1 kl.	**Zwiebel, gewürfelt**
400 g	**Weißkohl (ca. ½ kleiner Kopf)**
250 ml	**Gemüsebrühe**
2 TL	**Öl oder Gheebutter**
	Kümmel
	Salz, Pfeffer

ZUBEREITUNG

- Hackfleisch, Ei, Zwiebel, Salz und Pfeffer gut miteinander vermengen.
- Aus der Hackfleischmasse kleine Hackbällchen formen und beiseite stellen.
- Weißkohl putzen und in Streifen schneiden.
- Etwas Öl oder Gheebutter in einer Pfanne erhitzen und den Weißkohl portionsweise anbraten. Jeweils mit Salz und Pfeffer würzen.
- Erste Schicht Kohl in den Topf geben, einen Teil der Hackbällchen darauf verteilen und mit Kümmel bestreuen. Nächste Portion Kohl anbraten, über die Hackbällchen schichten und mit Kümmel bestreuen. Kohl und Hackbällchen schichtweise in den Topf geben.
- Kohl-Hack-Topf mit Gemüsebrühe auffüllen und etwa 25–30 Minuten garen, bis der Kohl weich ist.

HÄHNCHEN-WRAP

ZUTATEN FÜR ZWEI PORTIONEN (4 WRAPS)

Wrap-Teig

4	**Eier**
4	**Eiklar**
3 EL	**Eiweißpulver, neutraler Geschmack**
2 TL	**Öl zum Braten**

Füllung

150 g	**Putenbrust, in Streifen**
1	**Avocado, in Würfel geschnitten**
2	**Tomaten, in Würfel geschnitten**
1–2 TL	**Senf**
	Blattsalat nach Belieben
	Salz, Pfeffer

ZUBEREITUNG

- Eier, Eiklar, Eiweißpulver und etwas Salz mit einem Schneebesen oder Mixstab verquirlen.
- Aus dem Teig die Wraps backen: Eine beschichtete Pfanne dünn mit Fett bestreichen und etwas Teig hineingießen. Teig jeweils 3 Minuten von beiden Seiten backen.
- Putenbrust in einer Pfanne ohne Fett anbraten, mit Salz und Pfeffer würzen.
- Wraps mit etwas Senf bestreichen und mit Avocado, Tomate, Pute und Salat belegen und einrollen.

Statt Avocado kannst du deine Wraps auch mit Sprossen, Radieschen und Gurken belegen.

HERZHAFTE BOHNEN-PFANNE MIT RINDERSTREIFEN

ZUTATEN FÜR ZWEI PORTIONEN

400 g **grüne Bohnen, z. B. Stangenbohnen**
1–2 **große Zwiebeln**
300 g **Rindfleisch, mager**
2 TL **Kokosöl oder Gheebutter**
Bohnenkraut
Salz, Pfeffer

ZUBEREITUNG

- Rindfleisch in Streifen schneiden. Etwas Öl in einer Pfanne erhitzen und das Rindfleisch etwa 2–3 Minuten scharf anbraten. Fleisch aus der Pfanne nehmen und warmhalten.
- Bohnen putzen und halbieren. Zwiebeln pellen und grob zerkleinern.
- Restliches Öl in der Pfanne erhitzen und die Zwiebeln und Bohnen scharf anbraten. Mit Salz und Pfeffer würzen. Hitze herunterdrehen und weitere 10 Minuten schmoren.
- Kurz vor Garzeitende das Fleisch hinzufügen, kurz erhitzen und alles noch einmal abschmecken. Nach Bedarf mit Bohnenkraut verfeinern.

THAICURRY MIT HÜHNERFLEISCH

ZUTATEN FÜR ZWEI PORTIONEN

300 g	**Hähnchenbrustfilet, in Streifen**
1	**Paprika, rot**
1	**Karotte**
2	**Frühlingszwiebeln**
1	**Knoblauchzehe**
150 g	**Mungobohnensprossen**
2 TL	**Kokosöl**
1	**Dose Kokosmilch, fettreduziert**
1 EL	**Currypaste**
	Salz, Pfeffer

Nach Bedarf: Thai-Basilikum, Ingwer

ZUBEREITUNG

- Hähnchenbrustfilet mit Wasser abspülen und mit Küchenpapier abtupfen. Fleisch in Streifen oder Würfel schneiden.
- Gemüse putzen, Paprika und Karotte in Streifen schneiden und die Frühlingszwiebel in Scheiben schneiden.
- Kokosöl in einer Pfanne erhitzen und das Fleisch darin anbraten. Mit Salz und Pfeffer würzen, aus der Pfanne nehmen und beiseite stellen.
- Öl in die Pfanne geben und zunächst Paprika und Karotte anschwitzen, Frühlingszwiebeln hinzufügen und mit Kokosmilch ablöschen. Knoblauch mit einer Knoblauchpresse in die Pfanne pressen. Currypaste, Hähnchenfleisch und Mungobohnensprossen hinzufügen und vermengen.
- Alles noch einmal aufkochen lassen. Nach Bedarf mit Thai-Basilikum und Ingwer abschmecken.

BRATWURST-SAUERKRAUT-PFANNE

ZUTATEN FÜR ZWEI PORTIONEN

4	**Bratwürste à 90 g**
300 g	**Sauerkraut, verzehrfertig**
1 TL	**Öl oder Gheebutter**
	Kümmel
	Salz, Pfeffer

ZUBEREITUNG

- Bratwürste in Scheiben schneiden.
- Etwas Öl in einer Pfanne erhitzen und die Bratwürste darin scharf anbraten.
- Sauerkraut in die Pfanne geben, mit Salz, Pfeffer und Kümmel abschmecken. Mit 50 ml Wasser ablöschen und etwa 5 Minuten schmoren.

HÄHNCHENSCHNITZEL MIT GRÜNEM SPARGEL

ZUTATEN FÜR ZWEI PORTIONEN

2	**Hähnchenbrustfilets à 150 g**
500 g	**grüner Spargel**
2 TL	**Öl**
	Salz, Pfeffer

ZUBEREITUNG

- Grünen Spargel nur am unteren Drittel schälen und die holzigen Enden wegschneiden.
- Die Spargelspitzen abschneiden und den Rest schräg in etwa 5 cm lange Stücke schneiden.
- Etwas Öl in einer Pfanne erhitzen und die Spargelstücke bei mittlerer Hitze etwa 5–8 Minuten anbraten. Mit Salz und Pfeffer würzen. Gelegentlich umrühren.
- In der Zwischenzeit die Hähnchenbrustfilets mit Wasser abspülen und mit Küchenpapier abtupfen.
- Öl in einer weiteren Pfanne erhitzen und das Fleisch von beiden Seiten anbraten. Mit Salz und Pfeffer würzen.
- Hähnchenbrustfilets aus der Pfanne nehmen, schräg in Streifen schneiden und zusammen mit dem Spargel auf einem Teller anrichten.

GEMÜSESPAGHETTI MIT BOLOGNESE

ZUTATEN FÜR ZWEI PORTIONEN

1–2	**Zucchini**
250 g	**Rindertatar**
125 g	**Kirschtomaten, geviertelt**
1 Dose	**gehackte Tomaten**
1 gr.	**Zwiebel, gewürfelt**
1	**Knoblauchzehe**
1 TL	**Olivenöl, Kokosöl oder Gheebutter**
	italienische Kräuter, getrocknet
	Salz, Pfeffer

ZUBEREITUNG

- Zucchini mit einem Sparschäler, Spiral- oder Julienneschneider in schmale Streifen schneiden.
- Einen Topf mit leicht gesalzenem Wasser aufsetzen. Gemüsespaghetti etwa 1–2 Minuten bissfest garen. Abtropfen lassen.
- Etwas Öl in einer Pfanne erhitzen. Hackfleisch und Zwiebel anbraten. Gepressten oder fein gehackten Knoblauch hinzufügen und mit Salz und Pfeffer würzen.
- Kirschtomaten und gehackte Tomaten aus der Dose in die Pfanne geben. Mit Kräutern, Salz und Pfeffer abschmecken und etwa 10–15 Minuten bei mittlerer Hitze köcheln lassen.
- Gemüsespaghetti und Bolognesesoße auf Tellern anrichten.

Statt Zucchini kannst du auch Karotten als Gemüsespaghetti zubereiten.

KOTELETT AUS DEM OFEN

ZUTATEN FÜR ZWEI PORTIONEN

2	**Koteletts, z. B. vom Schwein oder Lamm à 200 g**
4	**Karotten**
400 g	**Zucchini**
2	**rote Zwiebeln**
250 g	**Champignons**
3 TL	**Olivenöl**
	Kräuter der Provence, getrocknet
	Salz, Pfeffer

ZUBEREITUNG

- Backofen auf 200 °C Ober- und Unterhitze vorheizen.
- Gemüse putzen, Karotte, Zucchini und Zwiebeln in grobe Stücke schneiden. Pilze halbieren und alles auf einem Backblech verteilen.
- 1 TL Öl in einer Pfanne erhitzen und die Koteletts ca. 1 Minute von beiden Seiten scharf anbraten. Mit Salz und Pfeffer würzen.
- Koteletts zum Gemüse auf das Blech legen. 2 TL Olivenöl, Salz, Pfeffer und Kräuter in einer Schale vermengen und auf dem Gemüse und den Koteletts verteilen.
- Fleisch und Gemüse im Backofen auf der 2. Schiene von unten etwa 15 Minuten garen.

THAILÄNDISCHE RINDFLEISCHPFANNE

ZUTATEN FÜR ZWEI PORTIONEN

250 g	**Rinderhüftsteaks**
2 EL	**Sojasauce**
100 g	**Zuckerschoten**
1–2	**grüne Paprika**
80 g	**Bamussprossen, ca. ½ Glas**
1–2	**Frühlingszwiebeln**
1 TL	**Kokosöl**
1 Dose	**Kokosmilch, ungesüßt**
	Chilipulver
2 EL	**Erdnüsse**
	Salz, Pfeffer

Nach Bedarf: Koriander

ZUBEREITUNG

- Rindfleisch mit Küchenpapier abtupfen und in feine Streifen schneiden. In eine Schale geben und mit 1 ½ EL Sojasauce vermengen, abgedeckt im Kühlschrank ca. 20 Minuten ziehen lassen.
- In der Zwischenzeit das Gemüse putzen: Paprika in Streifen, Frühlingszwiebel in feine Ringe schneiden und Zuckerschoten quer halbieren. Bambussprossen abtropfen lassen.
- Kokosöl in einer Pfanne erhitzen und die Paprika darin anbraten. Fleisch hinzufügen und etwa 1–2 Minuten mitbraten. Zuckerschoten, Frühlingszwiebeln und Bambus in die Pfanne geben. Alles kurz erhitzen, mit Kokosmilch ablöschen.
- Rindfleischpfanne mit der restlichen Sojasauce, Pfeffer und Chili würzen und alles noch einmal aufkochen lassen.
- Auf Tellern anrichten, mit den Erdnüssen bestreuen und nach Belieben noch mit frischem gehackten Koriander bestreuen.

HÄHNCHENBURGER OHNE BROT

ZUTATEN FÜR ZWEI PORTIONEN

2	**Hähnchenbrustfilets à 125 g**
1 TL	**Kokosöl**
1–2	**Tomaten**
1	**gelbe Paprika**
1 kl.	**rote Zwiebel**
1–2	**Handvoll große Salatblätter**
1	**Avocado**
	Salz, Pfeffer

ZUBEREITUNG

- Tomaten und Paprika waschen, putzen und in Scheiben schneiden.
- Zwiebel pellen und in Ringe schneiden. Salatblätter abzupfen, waschen und trocken schütteln.
- Avocado aus der Schale lösen und in Scheiben schneiden.
- Hähnchenbrustfilets in einer Pfanne ohne Fett anbraten oder auf dem Grill zubereiten.
- Burger belegen: Erst ein Salatblatt auf dem Teller platzieren, dann Paprika-, Tomaten-, Avocado- und Zwiebelscheiben übereinanderlegen, Hähnchenbrustfilets darauf platzieren, mit Salz und Pfeffer würzen und mit einem Salatblatt abschließen.

PUTEN-SALTIMBOCCA MIT GRÜNEN BOHNEN

★ *Für krasse Köche* ★

ZUTATEN FÜR ZWEI PORTIONEN

4	**kleine Putenschnitzel (à 50 g)**
2	**Scheiben Parmaschinken**
8	**Salbeiblätter**
	Pfeffer, Meersalz
250 g	**grüne Bohnen, tiefgekühlt oder frisch**

ZUBEREITUNG

- Backofen auf 100 °C Ober- und Unterhitze vorheizen.
- Schnitzel mit Wasser abspülen und mit Küchenpapier abtupfen. Schnitzel mit einem Fleischklopfer flach klopfen. Mit Pfeffer und Meersalz würzen.
- Die Schinkenscheiben halbieren und jeweils eine halbe Scheibe und zwei Salbeiblätter mit Zahnstochern auf die Schnitzel stecken.
- Etwas Öl in einer Pfanne erhitzen und die Schnitzel von beiden Seiten scharf anbraten. In eine Auflaufform legen, mit Alufolie oder einem Deckel bedecken und im Ofen etwa 10 Minuten nachruhen lassen.
- In der Zwischenzeit die Bohnen in einem Topf mit Wasser garen.
- Schnitzel und Bohnen auf Tellern anrichten.

GEKRÄUTERTE SCHWEINELENDE MIT PILZEN

★ *Für krasse Köche* ★

ZUTATEN FÜR ZWEI PORTIONEN

400 g	**Schweinefilet**
½	**Bund frische, gehackte Kräuter (z. B. Thymian, Salbei)**
300 g	**gemischte Pilze, frisch oder tiefgefroren**
60 g	**Schinkenwürfel**
1–2	**Zwiebeln, gewürfelt**
1–2 EL	**Petersilie, gehackt**
2 TL	**Öl**
	Salz, Pfeffer, grob gemahlen

ZUBEREITUNG

- Fleisch mit Wasser abspülen und mit Küchenpapier abtupfen.
- Backofen auf 180 °C Ober- und Unterhitze vorheizen.
- Etwas Öl in einer Pfanne erhitzen und das Fleisch rundherum scharf anbraten.
- Ein Stück Alufolie ausbreiten, Fleisch darauf setzen. Mit den gehackten Kräutern belegen und wie ein Bonbon einwickeln. In eine Auflaufform oder auf ein Backblech legen und im vorgeheizten Ofen ca. 20 Minuten garen.
- In der Zwischenzeit die Pilze putzen.
- Etwas Öl in der Pfanne erhitzen, Zwiebel und Schinken anbraten. Pilze hinzufügen und mitschmoren. Mit Salz und Pfeffer würzen.
- Fleisch aus dem Ofen nehmen und in Scheiben schneiden. Zusammen mit den Pilzen auf Tellern anrichten.

KALBS-INVOLTINI MIT PAPRIKAGEMÜSE

★ *Für krasse Köche* ★

ZUTATEN FÜR ZWEI PORTIONEN

4	**Kalbsschnitzel à 80 g**
4	**Scheiben Serrano-Schinken**
1–2	**Zweige Salbei, Thymian oder Rosmarin**
2 TL	**Öl**
100 ml	**Fleischbrühe**
2–3	**Paprika, rot und gelb**
125 g	**Kirschtomaten**
1	**Zwiebel**
	Salz, Pfeffer

ZUBEREITUNG

- Kalbsschnitzel mit Küchenpapier trocken tupfen. Mit Pfeffer würzen und mit je einer Scheibe Schinken und Kräutern belegen und einrollen. Mit Holzstäbchen oder Rouladennadeln zusammenstecken.
- Etwas Öl in einem großen Topf erhitzen und das Fleisch rundherum etwa 5 Minuten anbraten. Mit Fleischbrühe ablöschen und zugedeckt etwa 10 Minuten schmoren.
- In der Zwischenzeit die Paprika waschen, putzen und in Streifen oder Würfel schneiden. Tomaten halbieren und Zwiebel in Würfel schneiden.
- Etwas Öl in einer Pfanne erhitzen und das Gemüse darin anbraten. Kalbsfleisch und Gemüse auf Tellern anrichten.

RIB-EYE-STEAK MIT PFEFFERKRUSTE

★ *Für krasse Köche* ★

ZUTATEN FÜR ZWEI PORTIONEN

2	**Rib-Eye-Steaks à 180–200 g**
1–2	**Knoblauchzehen, gehackt**
1–2	**Zweige Rosmarin, frisch**
1–2	**Zweige Thymian, frisch**
2 TL	**Olivenöl**
2 TL	**grob gem. bunter Pfeffer**

ZUBEREITUNG

- Rosmarin und Thymian waschen, trocken schütteln und die Blättchen abzupfen. Öl, Pfeffer, Knoblauch und Kräuter in einer kleinen Schüssel vermengen.
- Die Steaks abspülen, trocken tupfen und auf beiden Seiten mit Kräuter-Öl-Marinade einpinseln. Das Fleisch abgedeckt etwa eine Stunde kühl stellen.
- Etwas Öl in einer Pfanne erhitzen. Erst wenn die Pfanne heiß ist, das Fleisch von jeder Seite etwa 3–5 Minuten (medium) anbraten. Garzeit richtet sich nach der Dicke des Fleischstückes.
- Fleisch aus der Pfanne nehmen und in Alufolie wickeln oder in einen Topf mit Deckel legen und für etwa 4 Minuten ruhen lassen.

„*How much is the fish?*“

HAUPTGERICHTE
FISCH

THUNFISCHSTEAK AUF ARTISCHOCKENPÜREE

ZUTATEN FÜR ZWEI PORTIONEN

2	**Thunfischsteaks à 150 g, frisch oder tiefgekühlt**
400 g	**Artischockenherzen, Dose**
4 EL	**Mandeln, gemahlen**
2 TL	**Olivenöl**
1–2 EL	**Meerrettich, frisch gerieben**
	Salz, Pfeffer

ZUBEREITUNG

- Die Artischocken mithilfe eines Mixstabs pürieren. Die gemahlenen Mandeln nach und nach hinzufügen. Püree mit Meerrettich, Salz und Pfeffer abschmecken.
- Etwas Öl in einer beschichteten Pfanne erhitzen und die Thunfischsteaks darin scharf anbraten. Mit Salz und Pfeffer würzen.
- Fisch und Artischockenpüree auf einen Teller geben und mit etwas Olivenöl beträufeln.

OFENLACHS AUF TOMATEN-OLIVENBETT

ZUTATEN FÜR ZWEI PORTIONEN

400 g	**Lachs, tiefgefroren oder frisch**
250 g	**kleine Cherrytomaten**
75 g	**grüne Oliven ohne Stein, z. B. mit Kräutern**
1 ½ TL	**Olivenöl**
	Kräuter, getrocknet
	Salz, Pfeffer

ZUBEREITUNG

- Backofen auf 180 °C Ober- und Unterhitze vorheizen.
- Eine Auflaufform mit wenig Öl bestreichen. Den Lachs in die Form legen.
- Tomaten und Oliven halbieren, ebenfalls in die Form geben. Restliches Öl über die Tomaten träufeln und mit Salz, Pfeffer und Kräutern würzen.
- Fisch und Gemüse auf mittlerer Schiene für ca. 15 Minuten im Ofen garen.

GARNELEN-KNOBLAUCH-PFANNE

ZUTATEN FÜR ZWEI PORTIONEN

400 g	**Garnelen, verzehrfertig**
1–2	**Knoblauchzehen**
½	**Zitrone, Saft**
1 EL	**Olivenöl**
1–2 EL	**Petersilie, tiefgefroren oder frisch**

ZUBEREITUNG

- Knoblauch schälen und mit einem Messer fein hacken.
- Öl in einer Pfanne erhitzen und die Garnelen 3–4 Minuten anbraten. Knoblauch hinzufügen und weitere 3 Minuten braten. Garnelen mit Salz und Pfeffer abschmecken, mit Zitronensaft beträufeln. Gehackte Petersilie unterrühren und alles auf Tellern anrichten.
- Zu der Garnelenpfanne passt noch ein grüner Blattsalat.

KABELJAU MIT SCHMORGURKEN

ZUTATEN FÜR ZWEI PORTIONEN

2	**Fischfilets, à 180 g, z. B. Kabeljau, alternativ Seelachs**
2	**Schmorgurken**
1–2	**Frühlingszwiebeln**
2–3	**Tomaten**
100 ml	**Gemüsebrühe**
2 TL	**Rapsöl**
1 EL	**Dill, tiefgefroren**
	Salz, Pfeffer

ZUBEREITUNG

- Schmorgurken schälen, halbieren, das Kerngehäuse entfernen und in mundgerechte Stücke schneiden. Tomaten putzen und in Würfel schneiden. Frühlingszwiebeln in Scheiben schneiden.
- 1 TL Rapsöl in einem Topf erhitzen Frühlingszwiebeln und Gurken anschwitzen. Mit Salz und Pfeffer würzen. Tomatenwürfel hinzufügen und mit 100 ml Gemüsebrühe ablöschen. Schmorgurken bei geschlossenem Deckel ca. 15–20 Minuten köcheln lassen. Kurz vor Garzeitende den Dill hinzufügen.
- In der Zwischenzeit den Fisch mit etwas Wasser abspülen, mit Küchenpapier abtupfen.
- In einer Pfanne etwas Öl erhitzen und den Fisch darin anbraten. Mit Salz und Pfeffer würzen.
- Fisch und Schmorgurken auf Tellern anrichten.

KNUSPER-FISCH MIT KOHLRABI-MÖHREN-GEMÜSE

ZUTATEN FÜR ZWEI PORTIONEN

2	**Seelachsfilets à 180 g**
2–3	**Karotten**
1	**Kohlrabi**
2 TL	**Kokosöl**
1 EL	**Petersilie, tiefgekühlt**
2 EL	**Kokosmehl, alternativ gemahlene Nüsse**
2 EL	**Kokosflocken**
1	**Ei**
	Salz, Pfeffer

ZUBEREITUNG

- Gemüse putzen und in Stifte schneiden.
- In einem Topf 1 TL Öl erhitzen und das Gemüse darin anschwitzen, pfeffern und salzen und mit 150 ml Wasser ablöschen. Gemüse ca. 10 Minuten bissfest garen. Zum Ende der Garzeit Petersilie unterrühren.
- Fischfilets zunächst im Kokosmehl, anschließend in der Eimasse und zum Schluss in den Kokosflocken wälzen.
- Öl in einer Pfanne erhitzen und die Seelachsfilets von beiden Seiten goldbraun anbraten. Erst nach dem Anbraten würzen.

THUNFISCH-PIZZA

ZUTATEN FÜR ZWEI PORTIONEN

Pizzaboden

300 g	**Thunfisch, im eigenen Saft**
2	**Eier**
	Paprikapulver

Pizzasoße

½ – 1	**Dose gehackte Tomaten**
1	**Knoblauchzehe, gepresst**
1 TL	**getrocknete oder frische Kräuter**
	Salz, Pfeffer

Pizzabelag

1	**Paprika, rot**
1–2	**Handvoll Champignons**

ZUBEREITUNG

- Backofen auf 180 °C Ober- und Unterhitze vorheizen.
- Den Thunfisch abtropfen lassen und mit den Eiern vermischen. Mit Salz, Pfeffer und Paprikapulver würzen.
- Ein Backblech mit Backpapier auslegen. Die Thunfisch-Ei-Masse auf dem Blech zu einem Kreis formen und flach drücken. Die Pizza für ca. 20 Minuten im Ofen backen.
- In der Zwischenzeit die passierten Tomaten mit den Kräutern, Knoblauch, Salz und Pfeffer würzen.
- Den Thunfisch-Pizzaboden aus dem Ofen nehmen, kurz abkühlen lassen und mit der Pizzasoße bestreichen. Champignons und Paprika darauf verteilen und die Pizza für weitere 8 bis 10 Minuten im Ofen fertigbacken.

Du kannst die Pizza auch mit Spinat und Sonnenblumen-kernen belegen.

GEBRATENER ZANDER MIT MANDELN UND BASILIKUM-TOMATEN

ZUTATEN FÜR ZWEI PORTIONEN

2	**Zanderfilets à 180 g, aufgetaut**
1–2 EL	**Mandelmehl**
1	**Zwiebel**
500 g	**Kirschtomaten**
2 TL	**Olivenöl**
½	**Bund Basilikum, gehackt**
2 EL	**Mandelblättchen**
	Salz, Pfeffer

ZUBEREITUNG

- Tomaten putzen und halbieren. Zwiebel fein würfeln.
- 1 TL Olivenöl in einem Topf erhitzen. Zwiebeln darin anschwitzen. Tomaten hinzufügen und weiter andünsten. Mit Salz, Pfeffer und Basilikum würzen. Herd ausschalten.
- Mandeln in einer Pfanne ohne Fett leicht anrösten, herausnehmen und beiseite stellen.
- Fisch trocken tupfen und im Mandelmehl wälzen.
- Etwas Öl in einer Pfanne erhitzen und den Fisch von beiden Seiten knusprig anbraten.
- Fisch auf Teller verteilen und mit den Basilikum-Tomaten anrichten. Geröstete Mandeln darüber verteilen.

SEELACHS MIT BÄRLAUCHPESTO UND GURKENSALAT

ZUTATEN FÜR ZWEI PORTIONEN

2 **Seelachsfilets à 180 g**
1 TL **Öl, z. B. Kokosöl**

Pesto
40 g **Bärlauch, frisch**
30 g **Pinienkerne, alternativ Cashewkerne**
2 EL **Olivenöl**
Salz, Pfeffer

Gurkensalat
1 kl. **Gurke**
1–2 EL **Weißweinessig**
1–2 EL **Dill, tiefgefroren oder frisch**

ZUBEREITUNG

- Bärlauch abbrausen und trocken schütteln. Grob zerkleinern und in ein hohes Gefäß geben. Pinienkerne, Olivenöl, Salz und Pfeffer hinzufügen und alles mit einem Pürierstab oder im Standmixer zu einem cremigen Pesto pürieren. Nach Bedarf noch etwas Öl hinzufügen.
- Gurken schälen und in dünne Scheiben schneiden. In einer Schale mit Essig, Dill, Salz und Pfeffer vermengen und einige Minuten ziehen lassen.
- Fischfilets mit Küchenpapier abtupfen. Etwas Öl in einer Pfanne erhitzen und den Fisch darin goldbraun anbraten. Mit Salz und Pfeffer würzen.
- Gurkensalat, Fischfilets und Bärlauchpesto auf Tellern anrichten.

THUNFISCH-BOHNEN-PFANNE

ZUTATEN FÜR ZWEI PORTIONEN

300 g	**weiße, dicke Bohnen, Glas**
1–2	**Frühlingszwiebeln**
200 g	**Kirschtomaten**
1	**Dose Thunfisch, im eigenen Saft**
1 EL	**Olivenöl**
½	**Zitrone, Saft**
100 ml	**Gemüsebrühe**
2 EL	**Petersilie, gehackt**
	Salz, Pfeffer

ZUBEREITUNG

- Bohnen und Thunfisch in einem Sieb abtropfen lassen.
- Gemüse putzen und vorbereiten: Zwiebeln in Ringe schneiden, Tomaten halbieren.
- Öl in einer Pfanne erhitzen und die Zwiebeln darin anschwitzen. Tomaten und Bohnen hinzufügen und bei geringer Hitze anschwitzen. Mit Pfeffer und Zitronensaft würzen.
- Thunfisch mit einer Gabel zerbröseln und in die Pfanne geben. Mit Gemüsebrühe ablöschen und noch einmal aufkochen lassen.

KRÄUTERLACHS AUS DEM OFEN

★ *Für krasse Köche* ★

ZUTATEN FÜR ZWEI PORTIONEN

250 g	**Lachsfilet mit Haut, frisch**
1–2 TL	**Zitronensaft**
1–2	**Knoblauchzehen**
2 TL	**Öl**
	Dill, Petersilie, tiefgekühlt
	Salz, Pfeffer

ZUBEREITUNG

- Lachsfilet mit Küchenpapier abtupfen.
- Eine Auflaufform mit etwas Öl bepinseln und den Lachs mit der Hautseite nach unten in die Form legen.
- Kräuter, Öl, Zitronensaft und gepressten Knoblauch vermengen. Den Lachs mit der Marinade übergießen und alles gut einmassieren.
- Lachs im vorgeheizten Backofen bei 100 °C Ober- und Unterhitze etwa 30–40 Minuten garen.
- Dazu passt ein gemischter Salat.

SUSHI-PLATTE

★ *Für krasse Köche* ★

ZUTATEN FÜR ZWEI PORTIONEN

700 g	**Blumenkohl, frisch**
1–2 EL	**Essig, hell**
1 TL	**Stevia, Streusüße**
	Salz, Pfeffer

Füllung

200 g	**Thunfisch, aus der Dose**
200 g	**Lachs, geräuchert**
1	**Avocado, in Streifen**
200 g	**Salatgurke, in kleinen Streifen**
9–10	**Noriblätter, aus dem Asia-Laden**
3–5 TL	**Wasabipaste, alternativ Meerrettichpaste**

Sushi-Bambusmatte oder Backpapier

ZUBEREITUNG

- Blumenkohl mit der Küchenreibe fein raspeln und in einem Topf mit Dampfeinsatz 15 Minuten dämpfen. Abkühlen lassen und mit Essig, Stevia, Pfeffer und Salz würzen.
- Noriblätter mit Wasabi bestreichen, anschließend die 6 Makis zubereiten.
  Thunfisch-Gurken Maki: Ein Noriblatt auf der Bambusmatte auslegen. Erst drei Esslöffel des Blumenkohls auf die Mitte des Blattes geben, dann den Thunfisch und ein paar Gurkenstifte. Das belegte Noriblatt mithilfe der Bambusplatte fest zusammenrollen.
  Lachs Maki: Hier genau nach demselben Prinzip arbeiten und mit Lachs und Avocado belegen. Belegtes Noriblatt wieder fest einrollen.
  Avocado-Gurken Maki: Noriblatt mit Blumenkohl und den restlichen Avocados und Gurken belegen. Alles fest einrollen.
  Sushi-Rollen ca. 10 Minuten in den Kühlschrank legen. Anschließend mit einem scharfen Messer aus jeder Rolle kleine Sushi-Stücke schneiden.

GEGRILLTE ZITRUS-MAKRELE

★ *Für krasse Köche* ★

ZUTATEN FÜR ZWEI PORTIONEN

1–2	**ganze Makrelen (à 250 g), küchenfertig**
2	**Zweige Zitronenthymian**
1–2 EL	**Limettensaft**
1–2	**Knoblauchzehen, gehackt**
¼	**Chilischote**
2 EL	**Öl**
	Meersalz, Pfeffer

ZUBEREITUNG

- Makrelen waschen und trocken tupfen. Zitronenthymian in die Makrelen legen.
- Für die Marinade den gepressten Knoblauch, Zitronensaft, fein geschnittene Chilischote, Meersalz und Pfeffer miteinander vermengen. Fisch in eine Auflaufform legen, mit der Marinade bestreichen und für ca. 30 Minuten abgedeckt im Kühlschrank durchziehen lassen.
- Den Backofen auf 180 °C Ober- und Unterhitze vorheizen.
- Die Form mit Alufolie abdecken und Makrelen im Backofen ca. 40 Minuten garen.
- Folie entfernen und Makrelen noch weitere 5 Minuten backen.

„Vegan, Baby!“

HAUPTGERICHTE VEGAN

RATATOUILLE-GRATIN

ZUTATEN FÜR ZWEI PORTIONEN

2 kl.	**Zucchini (ca. 500 g)**
½–1 kl.	**Aubergine**
4	**Strauchtomaten, reif**
1	**Dose passierte Tomaten, z. B. mit Kräutern**
1–2	**Knoblauchzehen, gehackt**
1–2	**Schalotten, gewürfelt**
1 EL	**Olivenöl**
1–2 TL	**Kräuter der Provence, getrocknet**
	Paprikapulver, edelsüß
	Salz, Pfeffer

ZUBEREITUNG

- Gemüse waschen und in ca. 2 cm dicke Scheiben schneiden. Nacheinander Zucchini-, Aubergine- und Tomatenscheiben in eine Auflaufform schichten.
- Etwas Öl in einer Pfanne erhitzen und die Zwiebel und den Knoblauch darin anschwitzen. Passierte Tomaten hinzufügen und mit den Kräutern und Gewürzen abschmecken.
- Tomatensoße über das Gemüse geben und im vorgeheizten Backofen bei 180 °C Ober- und Unterhitze etwa 15 Minuten garen.

Mein GOURMET-TIPP

Gratin mit frischen Kräutern, z. B. Thymian oder Basilikum, zubereiten.

TOFU-TÜRMCHEN AUS DEM OFEN

ZUTATEN FÜR ZWEI PORTIONEN

3	**Zucchini (ca. 700 g)**
60 g	**Sonnenblumenkerne**
½	**Bund Basilikum**
150 g	**Seidentofu**
3–4	**Tomaten**
1	**Paprika, rot**
2 EL	**Öl, z. B. Olivenöl**
1 TL	**Oregano und Thymian, getrocknet**

ZUBEREITUNG

- Backofen auf 200 °C Ober- und Unterhitze vorheizen.
- Zucchini in etwa 4 cm breite Stücke schneiden und mit einem Löffel das Fruchtfleisch herauslösen. Zucchiniringe mit Salz und Pfeffer würzen und in eine Auflaufform setzen.
- Zucchinifruchtfleisch klein schneiden und mit dem Tofu, den Kernen und Basilikum fein pürieren. Mit Salz und Pfeffer abschmecken. Die Zucchini-Tofucreme in die Zucchiniringe füllen.
- Paprika und Tomaten in kleine Würfel schneiden, mit Öl, Salz, Pfeffer und Kräutern vermengen und in die Auflaufform geben.
- Auflauf ca. 25 Minuten im Ofen garen.

KOHLRABISCHNITZEL MIT MANDELKRUSTE UND MINZE-DIP

ZUTATEN FÜR ZWEI PORTIONEN

1–2	**Kohlrabi**
2–3 EL	**Mandelmehl**
80 ml	**Wasser**
4–5 EL	**gehackte Mandeln**
250 g	**Sojajoghurt, ungesüßt**
3 TL	**Olivenöl**
3–4	**Blätter Minze, frisch**
	Salz, Pfeffer

ZUBEREITUNG

- Kohlrabi schälen und in 3–5 cm dicke Scheiben schneiden.
- Kohlrabischeiben in leicht gesalzenem Wasser ca. 5 Minuten kochen.
- In der Zwischenzeit das Mandelmehl mit Wasser zu einem dickflüssigen Teig verrühren, mit Salz und Pfeffer würzen. Gehackte Mandeln in einen tiefen Teller geben.
- Die Kohlrabischeiben zuerst im Mandelmehl wälzen, anschließend in den gehackten Mandeln.
- Etwas Öl in einer Pfanne erhitzen und die Scheiben ca. 5 Minuten anbraten.
- Sojajoghurt mit der gehackten Minze, etwas Olivenöl, Salz und Pfeffer vermengen und als Dip zu den Kohlrabischnitzeln reichen.
- Dazu passt noch ein bunter Blattsalat.

VEGGI-GULASCH

ZUTATEN FÜR ZWEI PORTIONEN

1–2	**Zwiebeln, gewürfelt**
1	**Knoblauchzehe, gehackt**
1	**rote Paprika, gewürfelt**
1	**Zucchini, gewürfelt**
1	**Karotte, gewürfelt**
250 g	**Seitan**
200 ml	**Gemüsebrühe**
1 TL	**Rapsöl**
	Paprikapulver, edelsüß und rosenscharf
2 EL	**gemischte Kräuter, tiefgefroren**

ZUBEREITUNG

- Gemüse putzen und fein würfeln.
- Etwas Öl in einem Topf erhitzen. Zwiebeln und Knoblauch darin anschwitzen. Paprika, Karotte und Zucchini hinzufügen und mit anbraten. Mit Paprikapulver und Pfeffer würzen.
- Mit Gemüsebrühe ablöschen und zugedeckt ca. 8–10 Minuten garen.
- Seitan in 2 cm große Stücke schneiden und zum Gulasch geben. Alles noch einmal abschmecken und die Kräuter unterrühren.

KICHERERBSEN-SPINAT-CURRY

ZUTATEN FÜR ZWEI PORTIONEN

1	**Dose Kichererbsen**
500 g	**Babyspinat, frisch, alternativ tiefgekühlt**
1–2 kl.	**Zwiebeln**
1	**Knoblauchzehe**
1 EL	**Kokosöl**
1–2 TL	**Currypulver**
200 ml	**Kokosmilch**
	Gemüsebrühe, nach Bedarf
	Kurkuma
	Salz, Pfeffer

ZUBEREITUNG

- Kichererbsen in einem Sieb abtropfen lassen und mit Wasser abspülen.
- Frischen Spinat waschen, putzen und in Streifen schneiden. Zwiebel und Knoblauch pellen und fein würfeln.
- Kokosöl in einem Topf erhitzen. Zwiebel und Knoblauch darin glasig anschwitzen. Das Currypulver hinzufügen und mit andünsten. Kichererbsen in den Topf geben und mit Kokosmilch ablöschen.
- Spinat in den Topf geben und zusammenfallen lassen. Mit Salz und Pfeffer abschmecken. Curry ca. 3–4 Minuten köcheln lassen. Nach Bedarf noch etwas Gemüsebrühe oder Wasser hinzufügen.

Mein **GOURMET-TIPP**

Für mehr Schärfe gib noch etwas Chili oder Ingwer hinzu.

TOMATEN-AVOCADO-SALAT MIT GEFÜLLTEN CHAMPIGNONS

ZUTATEN FÜR ZWEI PORTIONEN

8	**große Champignons**
2–4 EL	**Hummus, aus dem Kühlregal**
1	**Avocado**
250 g	**Tomaten, fein gewürfelt**
2–3	**Zweige Koriander, gehackt**
1	**Zwiebel, in Ringe geschnitten**
½	**Chilischote, fein gehackt**
1 EL	**Zitronen- oder Limettensaft**
1 ½ TL	**Rapsöl**
	Salz, Pfeffer

ZUBEREITUNG

- Ofen auf 200 °C Ober- und Unterhitze vorheizen. Den Stiel der Champignons entfernen und die Köpfe mit dem Hummus füllen. Eine Auflaufform mit etwas Öl einfetten und die Champignons darin für 15 bis 20 Minuten backen.
- Avocado, Tomaten, Koriander, Zwiebeln, Chili, Zitronensaft und Olivenöl in einer Schüssel zu einem Salat verrühren. Mit Salz und Pfeffer würzen.
- Salat auf einen Teller geben und mit den Champignons servieren.

BLUMENKOHLSTAMPF MIT GRÜNEN BOHNEN UND MANDELPARMESAN

ZUTATEN FÜR ZWEI PORTIONEN

1	**Blumenkohl**
300 g	**grüne Bohnen, tiefgekühlt oder frisch**
50 g	**gemahlene Mandeln**
1 Msp.	**Ingwerpulver**
	Muskatnuss
1 TL	**Öl**
	Salz, Pfeffer

ZUBEREITUNG

- Blumenkohl in leicht gesalzenem Wasser ca. 10 Minuten garen.
- Parallel die Bohnen ca. 10 bis 15 Minuten garen, bis sie bissfest sind, und abgießen.
- Blumenkohl vom Herd nehmen, Wasser abgießen und mit einem Stampfer grob zerdrücken. Mit Muskatnuss und Pfeffer abschmecken. Die Bohnen unter den Blumenkohlstampf heben.
- In einer Pfanne die geriebenen Mandeln bei geringer Hitze ohne Fett rösten, bis sie leicht braun werden. Mit etwas Salz und Ingwerpulver verrühren. Den Mandelparmesan nach dem Anrichten über den Blumenkohlstampf geben.

CHILI SIN CARNE

ZUTATEN FÜR ZWEI PORTIONEN

200 g	**Tofu, natur**
200 g	**Kidneybohnen, Dose**
1–2	**rote Zwiebeln, gewürfelt**
2	**mittelgroße Möhren**
2 TL	**Olivenöl**
2–3 EL	**Tomatenmark**
250 ml	**passierte Tomaten**
1 ½ TL	**Oregano**
1 Msp.	**Kümmel, gemahlen**
1 ½ TL	**Chilipulver**
	Salz, Pfeffer

ZUBEREITUNG

- Kidneybohnen abspülen und abtropfen lassen. Möhren putzen und in Würfel schneiden. Tofu mit einer Gabel oder den Händen zerbröseln.
- Olivenöl in einer Pfanne erhitzen und Tofu darin ca. 5 Minuten anbraten.
- Möhren und Zwiebeln hinzugeben und 2 Minuten weiterbraten.
- Tomatenmark dazugeben und kurz mitbraten.
- Passierte Tomaten, Kidneybohnen und Gewürze hinzugeben und 10 Minuten weiter kochen. In einer Schüssel anrichten.

Es passen auch frische Tomaten, Paprikaschoten oder Porree in das Chili.

MEDITERRANES OFENGEMÜSE MIT HUMMUS-DIP

ZUTATEN FÜR ZWEI PORTIONEN

1	**Zucchini**
1	**Fenchelknolle**
1–2	**Zwiebeln**
200 g	**Champignons**
2–3	**Karotten**
1	**Rosmarinzweig**
1 EL	**Olivenöl**
	Salz, Pfeffer

Hummus aus dem Kühlregal

ZUBEREITUNG

- Backofen auf 200 °C Umluft vorheizen.
- Gemüse putzen und in mundgerechte Stücke schneiden. Alles auf einem Backblech oder in einer ofenfesten Form verteilen.
- Rosmarin abzupfen und auf dem Gemüse verteilen. Olivenöl darüber träufeln und mit Salz und Pfeffer würzen.
- Gemüse im Ofen ca. 25–30 Minuten garen.
- Hummus zum Ofengemüse reichen.

Für Ofengemüse eignen sich auch Auberginen, Tomaten, Oliven oder Lauch.

ZUCCHININUDELN MIT BASILIKUM-PESTO UND KIRSCHTOMATEN

ZUTATEN FÜR ZWEI PORTIONEN

1–2	**Zucchini (ca. 500 g)**
250 g	**Kirschtomaten, halbiert**

Pesto

½	**Topf Basilikum**
40 g	**Pinienkerne**
1–2	**Knoblauchzehen**
2 EL	**Olivenöl**
	Pfeffer, Meersalz

ZUBEREITUNG

- Pinienkerne, Basilikum, Knoblauch, Olivenöl mit einem Pürierstab pürieren. Pesto mit Salz und Pfeffer würzen.
- Topf mit leicht gesalzenem Wasser zum Kochen bringen. Zucchini mit einem Spiralschneider oder Sparschäler zu Spaghetti schneiden. Die Zucchini-Spaghetti in das kochende Wasser geben und ca. 1–2 Minuten bissfest garen. Anschließend das Wasser abgießen. 1–2 EL von dem Pesto im Topf mit den Gemüsenudeln vermengen.
- Nudeln auf einem Teller anrichten und mit den halbierten Kirschtomaten belegen.

Mein **GOURMET-TIPP**

Tomaten in einer Pfanne mit etwas Olivenöl anrösten.

TOFU-GEMÜSEPFANNE

ZUTATEN FÜR ZWEI PORTIONEN

300 g	**Tofu**
1–2	**Handvoll Brokkoli, tiefgefroren**
1	**rote Zwiebel**
50 g	**Erbsen, tiefgefroren**
½ – 1	**Paprika**
2	**Möhren**
1	**Handvoll Champignons**
2 TL	**Kokosöl**
2 TL	**Sojasauce**
1–2 EL	**Koriander, gehackt**
	Pfeffer

ZUBEREITUNG

- Brokkoli und Erbsen in leicht gesalzenem Wasser ca. 5 Minuten blanchieren.
- Gemüse putzen und in Streifen oder Würfel schneiden. Tofu in Würfel schneiden.
- Etwas Kokosöl in einer Pfanne erhitzen, Zwiebeln glasig andünsten, Champignons, Möhren und Paprika in die Pfanne geben und scharf anbraten. Tofu hinzufügen und mitbraten. Mit Sojasauce ablöschen und ca. 5–10 Minuten bei geringer Hitze köcheln lassen. Mit Pfeffer würzen und mit gehacktem Koriander abschmecken.

*„Nutella besteht zu 60 %
aus Pflanzenfett,
also ist es ein Salat.“*

GEMÜSE & SALAT

ERBSEN-MINZ-SALAT

ZUTATEN FÜR ZWEI PORTIONEN

500 g	**Erbsen, tiefgefroren**
2	**Eier, hartgekocht und halbiert**
4	**Tomaten, gewürfelt**
2 TL	**Nussmus, z. B. Mandelmus ungesüßt**
2–3 EL	**Limettensaft**
3 EL	**Petersilie, gehackt**
1 EL	**Pfefferminze, gehackt**
	Salz und Pfeffer

ZUBEREITUNG

- Die Erbsen in ca. 200 ml Wasser für 10 Minuten garen. Das Wasser abgießen, Erbsen mit kaltem Wasser abschrecken.
- Für das Dressing Nussmus mit Limettensaft, Salz und Pfeffer verrühren.
- Das Dressing mit den Erbsen, Tomaten und Kräutern mischen.
- Erbsen-Salat auf Teller verteilen und mit Ei servieren.

KICHERERBSEN-KAROTTENSALAT MIT WALNÜSSEN

ZUTATEN FÜR ZWEI PORTIONEN

350 g	**Kichererbsen, Glas oder Dose**
3–4	**Karotten**
1–2	**Schalotten**
30 g	**Walnüsse, gehackt**

Dressing

2 TL	**Zitronensaft**
1 ½ EL	**Olivenöl**
	Kreuzkümmel, gemahlen
1–2 EL	**Koriander, gehackt, alternativ Petersilie**
	Salz, Pfeffer

ZUBEREITUNG

- Kichererbsen in einem Sieb abtropfen lassen. Möhren putzen und in Scheiben schneiden. Zwiebeln pellen und in Würfeln schneiden.
- Für das Dressing Zitronensaft, Olivenöl, Kreuzkümmel und gehackten Koriander in der Salatschüssel verrühren. Gemüse hinzufügen und alles gut vermengen. Walnüsse über den Salat streuen.

GEMÜSE-THUNFISCH-SALAT

ZUTATEN FÜR ZWEI PORTIONEN

1	**Dose Thunfisch, im eigenen Saft**
100 g	**Blattsalat (z. B. Romanasalat oder Feldsalat)**
1–2	**Paprika, gelb**
½ – 1	**Salatgurke**
4–5	**Tomaten**
1	**Frühlingszwiebel, in Ringe geschnitten**

Dressing

1 EL	**Olivenöl**
1 EL	**Zitronensaft**
1–2 EL	**Petersilie, gehackt, tiefgekühlt oder frisch**
	Salz, Pfeffer

ZUBEREITUNG

- Gemüse und Salat waschen, putzen und klein schneiden.
- Thunfisch abgießen und zusammen mit dem Gemüse in eine Salatschüssel geben.
- Für das Dressing Öl, Zitronensaft, Salz, Pfeffer und Kräuter vermengen und über den Gemüse-Thunfisch-Salat geben.

LEICHTER SOMMERSALAT MIT PETERSILIEN-SENF-VINAIGRETTE

ZUTATEN FÜR ZWEI PORTIONEN

100 g	**Blattsalat, z. B. Feldsalat**
4	**Tomaten, in Scheiben**
½	**Salatgurke, in Scheiben**
5	**Radieschen, in Scheiben**

Dressing

1 EL	**Weißweinessig**
2 EL	**Öl, z. B. mildes Olivenöl**
½ TL	**Senf, mittelscharf**
1 kl.	**Schalotte, fein gewürfelt**
1–2 EL	**gehackte Kräuter, z. B. Petersilie und Basilikum**

Nach Bedarf:

2 EL	**Kerne, z. B. Sonnenblumen- oder Kürbiskerne**

ZUBEREITUNG

- Gemüse und Salat waschen, putzen, klein schneiden und in eine Salatschüssel geben.
- Für das Dressing Essig, Salz und Pfeffer mit einem Schneebesen verrühren. Öl nach und nach darunter schlagen. Zwiebel und gehackte Kräuter unterrühren.
- Vinaigrette über dem Salat verteilen und nach Belieben mit Kernen toppen.

BOHNEN-MIX-SALAT

ZUTATEN FÜR ZWEI PORTIONEN

400 g Salat-Bohnen-Mix, Dose oder Glas
1–2 kl. rote Zwiebeln
4–6 getrocknete Tomaten, ohne Öl
1 EL Walnussöl
30 g Pinienkerne
Salz, Pfeffer

ZUBEREITUNG

- Bohnen abgießen und von dem Bohnenwasser 1 EL aufbewahren.
- Zwiebel schälen und in Würfel schneiden.
- Getrocknete Tomaten mit Bohnenwasser, Walnussöl, Zwiebeln, Salz und Pfeffer mischen. Die Bohnen damit übergießen und gut durchmengen.
- Pinienkerne in einer Pfanne ohne Fett anrösten und zum Schluss über den Salat geben.

BROKKOLI-MANDEL-SALAT

ZUTATEN FÜR ZWEI PORTIONEN

400 g	**Brokkoli, frisch oder tiefgefroren**
250 g	**Kirschtomaten**
40 g	**Mandelstifte**
1 EL	**Öl, z. B. Nussöl oder Olivenöl**
	Salz, Pfeffer

ZUBEREITUNG

- Brokkoli putzen, in Röschen teilen und für etwa 10 Minuten in kochendem Salzwasser blanchieren.
- In der Zwischenzeit die Kirschtomaten putzen und halbieren.
- Mandelstifte in einer Pfanne ohne Fett leicht anrösten.
- Brokkoli abgießen und zusammen mit den Tomaten, Öl, Salz, Pfeffer und gerösteten Mandeln in eine Salatschüssel geben und alles gut vermengen.

BAYERISCHER WURSTSALAT

ZUTATEN FÜR ZWEI PORTIONEN

1	**Paprika, gelb**
1–2 kl.	**rote Zwiebeln**
1	**Handvoll Radieschen**
4–5	**Gewürzgurken**
400 g	**Lyoner Fleischwurst**
1 EL	**Weißweinessig**
1 TL	**Senf**
1 TL	**Petersilie und Schnittlauch, gehackt**
	Salz, Pfeffer

ZUBEREITUNG

- Paprika in dünne Streifen schneiden. Zwiebel, Radieschen und Gewürzgurken in dünne Scheiben schneiden.
- Wurst in längliche, dünne Streifen schneiden. Kräuter waschen und fein hacken.
- Für das Dressing: Essig, Senf, Salz, Pfeffer und Kräuter miteinander vermengen und über den Salat geben. Salat mischen und vor dem Verzehr im Kühlschrank ca. 30 Minuten ziehen lassen

SCHLANKER NUDEL-SALAT

ZUTATEN FÜR ZWEI PORTIONEN

200 g	**Shirataki-Nudeln (Konjak-Nudeln)**
1	**Möhre**
½	**Gurke**
60 g	**Sojasprossen**
1–2 EL	**Koriander, frisch**
½ – 1	**Limette, Saft**
1 TL	**Sojasauce**
1 EL	**Sesamöl**
¼	**Chili, frisch**
200 ml	**Wasser**

ZUBEREITUNG

- Nudeln vorsichtig kalt waschen. Wasser aufkochen und die Shirataki-Nudeln ca. 3 Minuten köcheln lassen, dabei vorsichtig umrühren. Nudeln abgießen und in eine Schüssel mit kaltem Wasser legen.
- Möhre waschen, putzen und in feine Streifen schneiden. Gurke waschen, schälen und in mundgerechte Stücke schneiden.
- Sojasprossen mit kaltem Wasser abbrausen. Gemüse mit den abgetropften Nudeln mischen.
- Für das Dressing die Chili entkernen und in dünne Ringe schneiden.
- Den Koriander fein hacken. Beides mit Limettensaft, Sojasauce und Sesamöl mischen, über den Salat geben und alles gut vermischen. Evtl. mit Salz und Pfeffer nachwürzen.

ASIA-GARNELEN-SALAT

ZUTATEN FÜR ZWEI PORTIONEN

100 g	**Garnelen, verzehrfertig**
2	**Frühlingszwiebeln, in Scheiben**
¼	**rote Chilischote, in feinen Ringen**
½ kl.	**Gurke, in Scheiben**
125 g	**Kirschtomaten, halbiert**
2–3	**Stiele Koriander, gehackt**
½	**Limette, Saft**
3 TL	**Öl, z. B. Erdnussöl**
	Salz, Pfeffer

ZUBEREITUNG

- 1 TL Öl in einer Pfanne erhitzen und die Garnelen, Frühlingszwiebeln und Chilischote darin bei starker Hitze anbraten.
- Gurke und Tomaten klein schneiden und in eine Salatschüssel geben. Chili-Zwiebel-Garnelen dazugeben.
- Für das Dressing restliches Öl, gehackten Koriander, Limettensaft, Salz und Pfeffer vermengen und über den Salat geben. Nach Belieben noch mit Koriander garnieren.

GEFÜLLTE TOMATEN

ZUTATEN FÜR ZWEI PORTIONEN

8	**Tomaten, fest, mittelgroß**
100 g	**rote Linsen**
1 Stk.	**Ingwer (etwa 15 g), fein gehackt**
1–2 TL	**Zitronensaft**
	Kurkuma, Chilipulver, Kreuzkümmel
	Salz, Pfeffer

ZUBEREITUNG

- Linsen in ¼ Liter Wasser mit Salz etwa 10 Minuten kochen und anschließend abgießen.
- Mit dem Mixstab oder im Mixer zusammen mit Ingwer, Zitronensaft pürieren und mit den Gewürzen abschmecken. Eventuell etwas Wasser hinzugeben, wenn die Masse zu fest sein sollte.
- Die Tomaten waschen, einen „Deckel" abschneiden und aushöhlen. Die Linsenpaste mit einem Teelöffel hineinfüllen. Die Tomaten in eine Auflaufform setzen und im vorgeheizten Ofen bei 180 °C Ober- und Unterhitze etwa 15 Minuten garen.

HUMMUS-TELLER

HUMMUS

400 g	**Kichererbsen, Glas oder Dose**
1–2 EL	**Tahin (Sesampaste)**
1	**Zitrone, Saft**
1–2	**Knoblauchzehen**
2–3 EL	**Petersilie, gehackt**
1–2 TL	**Kreuzkümmel**
	Salz, Pfeffer
2	**Möhren**
1	**Zucchini**
2	**Paprika, z. B. rot**
1 TL	**Rapsöl**
2 EL	**Sesam**

ZUBEREITUNG

- Kichererbsen mit Tahin, Knoblauch, Zitronensaft und Kreuzkümmel im Mixer pürieren. Die Petersilie unterrühren. Mit Salz und Pfeffer abschmecken. Etwas Wasser zugeben, um den Hummus cremiger zu machen.
- Das Gemüse waschen, putzen und längst in Streifen schneiden.
- Öl in einer beschichteten Pfanne erhitzen und das Gemüse darin braten, bis es Farbe annimmt.
- Gemüse mit dem Sesam bestreuen, mit Salz und Pfeffer würzen und dazu den Hummus reichen.

Es eignet sich als Gemüse auch grüner Spargel, Fenchel, Aubergine und Pilze. Statt Sesam sind auch geröstete Mandelblättchen oder Pinienkerne als Topping lecker.

SPINATPFANNE MIT SPIEGELEIERN

ZUTATEN FÜR ZWEI PORTIONEN

450 g	**Blattspinat, frisch oder tiefgekühlt**
350 g	**Champignons, z. B. braun**
1–2	**Zwiebeln**
1–2	**Knoblauchzehen**
1 EL	**Öl, z. B. Kokosöl**
2–4	**Eier**
	Muskatnuss
	Salz, Pfeffer

ZUBEREITUNG

- Tiefgefrorenen Spinat in einem Topf erwärmen und auftauen lassen.
- Champignons und Zwiebeln putzen und klein schneiden. Knoblauch pellen und fein hacken.
- Etwas Öl in einer Pfanne erhitzen. Zwiebeln und Knoblauch glasig anschwitzen. Champignons hinzufügen und mit anbraten. Mit Salz und Pfeffer würzen.
- Aufgetauten Spinat in die Pfanne geben, umrühren und mit den Gewürzen abschmecken.
- Eier aufschlagen und vorsichtig auf den Spinat setzen. Bei mittlerer Hitze zugedeckt so lange garen, bis die Eier gestockt sind.

„Auf die Löffel, fertig, los!“

SUPPEN

SCHNELLE ASIA-HÜHNERSUPPE

ZUTATEN FÜR ZWEI PORTIONEN

1–2	**Handvoll Champignons**
250 g	**Hähnchenbrustfilet**
1	**Dose fettarme Kokosmilch**
1–2 TL	**rote Currypaste**
500 ml	**Hühnerbrühe**
2–3	**Stiele Koriander**
	Limettensaft
	Salz, Pfeffer

ZUBEREITUNG

- Champignons und Hähnchenbrustfilet waschen und in mundgerechte Stücke schneiden. Korianderblätter abzupfen.
- Kokosmilch und Brühe mit der Currypaste in einen Topf geben und kuz aufkochen.
- Hähnchenbrustfilet hinzufügen und ca. 10 Minuten köcheln lassen.
- Nach ca. 5 Minuten die Champignons und die Korianderblätter hinzufügen.
- Suppe mit Salz, Pfeffer und etwas Limettensaft abschmecken und servieren.

BLUMENKOHL-BROKKOLISUPPE MIT RÄUCHERLACHS

ZUTATEN FÜR ZWEI PORTIONEN

350 g	**Blumenkohl, tiefgefroren**
250 g	**Brokkoli, tiefgefroren**
1 kl.	**Zwiebel, gewürfelt**
3 EL	**Soja-Kochcreme, fettarm**
200 ml	**Gemüsebrühe**
1 TL	**Olivenöl**
2–4	**Scheiben Räucherlachs**
	Pfeffer

ZUBEREITUNG

- Brokkoli und Blumenkohl in leicht gesalzenem Wasser ca. 10–15 Minuten garen. Garwasser nicht wegschütten.
- In der Zwischenzeit etwas Öl in einer Pfanne erhitzen und die Zwiebel scharf anbraten. Hitze ausschalten.
- Zwiebeln zum Brokkoli-Blumenkohl geben und alles zusammen mit einem Pürierstab pürieren. Nach Bedarf noch Gemüsebrühe hinzufügen. Mit Salz und Pfeffer abschmecken. Mit Räucherlachs in Streifen toppen.

KAROTTEN-FENCHELSUPPE MIT KÜRBISKERNEN

ZUTATEN FÜR ZWEI PORTIONEN

2	**Fenchelknollen**
500 g	**Möhren**
1 kl.	**Zwiebel**
1 TL	**Olivenöl**
400 ml	**Gemüsebrühe**
2 EL	**Kürbiskerne**
	Salz, Pfeffer

ZUBEREITUNG

- Gemüse putzen. Fenchel, Möhren und Zwiebel grob in Stücke schneiden.
- Etwas Öl in einem Topf erhitzen und die Zwiebel und Karotte darin anschwitzen.
- Fenchel hinzufügen und mit Gemüsebrühe ablöschen. Mit Pfeffer und nach Geschmack mit Chili abschmecken und ca. 10–15 Minuten garen. Anschließend mit einem Pürierstab pürieren. Auf Teller verteilen und mit Kürbiskernen toppen.

ASIATISCHE CHAMPIGNONSUPPE

ZUTATEN FÜR ZWEI PORTIONEN

400 g	**Champignons, z. B. braun**
1–2	**Schalotten, gewürfelt**
1 TL	**Öl, z. B. Kokosöl**
150–300 ml	**Gemüsebrühe**
	Ingwer, Chili, Koriander, gehackt (alternativ Petersilie)
	Salz, Pfeffer

ZUBEREITUNG

- Champignons und Zwiebeln putzen und grob würfeln.
- Etwas Öl in einem Topf erhitzen und die Zwiebeln glasig anschwitzen. Champignons hinzufügen und mit anbraten.
- Mit 150 ml Gemüsebrühe ablöschen und etwa 10 Minuten köcheln lassen. Mit Ingwer, Salz, Pfeffer und Chili abschmecken. Suppe pürieren und nach Bedarf noch Gemüsebrühe dazugeben.
- Mit gehacktem Koriander bestreuen und servieren.

TOMATEN-KOKOS-SUPPE

ZUTATEN FÜR ZWEI PORTIONEN

400 g	**stückige Tomaten, Dose**
1	**Paprika, rot**
1–2	**Schalotten**
1	**Dose Kokosmilch, ungesüßt**
1	**walnussgroßes Stück Ingwer**
1 TL	**Kokosöl**
	Chilipulver
	Salz, Pfeffer

ZUBEREITUNG

- Schalotten und Ingwer schälen und beides fein würfeln. Paprika in Würfel schneiden.
- Kokosöl in einem Topf erhitzen, Zwiebel, Paprika und Ingwer darin andünsten.
- Gehackte Tomaten und Kokosmilch hinzufügen und alles etwa 10–12 Minuten garen.
- Die Suppe pürieren und mit Salz, Pfeffer und Chilipulver abschmecken.

KICHERERBSEN-LINSEN-EINTOPF

ZUTATEN FÜR ZWEI PORTIONEN

250 g	**Linsen, Dose**
150 g	**Kichererbsen, Dose**
150 g	**Tomaten, gewürfelt**
1 kl.	**Zwiebel, gewürfelt**
1 TL	**Olivenöl**
1 EL	**Kreuzkümmel**
500 ml	**Gemüsebrühe**
	Salz, Pfeffer

ZUBEREITUNG

- Kichererbsen und Linsen abgießen.
- Öl in einer Pfanne erhitzen und die Zwiebel glasig anschwitzen. Tomaten und Kichererbsen hinzufügen und alles kurz andünsten. Dann mit der Brühe ablöschen und gedeckt ca. 10 Minuten köcheln lassen.
- Linsen und Kreuzkümmel hinzufügen und weitere 5 Minuten köcheln lassen. Mit Salz und Pfeffer würzen.

HÜHNERSUPPE MIT ROSENKOHL

ZUTATEN FÜR ZWEI PORTIONEN

250 g	**Hähnchenbrustfilet, in Streifen geschnitten**
400 g	**Rosenkohl, tiefgekühlt oder frisch**
1 kl.	**Zwiebel, gewürfelt**
800 ml	**Gemüsebrühe**
1 TL	**Öl**
½	**Limette, Saft (alternativ Zitronensaft)**
1–2 EL	**Kokosmilch, fettreduziert**
¼	**Chilischote**
	Salz, Pfeffer

ZUBEREITUNG

- Öl in einer Pfanne erhitzen und die Zwiebel darin anschwitzen.
- Hähnchenbruststreifen und Rosenkohl zu den Zwiebeln geben und alles kräftig anbraten.
- Mit Gemüsebrühe ablöschen und das Ganze ca. 10 Minuten köcheln lassen.
- Die Suppe mit Limettensaft, Kokosmilch, Salz, Pfeffer und Chili abschmecken.

SCHNELLE ERBSENCREMESUPPE

ZUTATEN FÜR ZWEI PORTIONEN

250 g	**Erbsen, tiefgefroren**
½ – 1	**Zwiebel, gewürfelt**
400 ml	**Gemüsebrühe**
1–2 EL	**Kräuter, gehackt, z. B. Kresse, Petersilie**
2–3 EL	**Sojadrink, ungesüßt**
1 TL	**Öl**
	Salz, Pfeffer

ZUBEREITUNG

- Öl in einem Topf erhitzen und die Zwiebel darin glasig anschwitzen.
- Mit Gemüsebrühe ablöschen und die Erbsen hinzufügen. Mit Salz und Pfeffer würzen und ca. 10 Minuten im Topf köcheln lassen.
- Suppe mit einem Stabmixer pürieren. Sojadrink hinzufügen und noch einmal abschmecken. Mit Kräutern bestreut anrichten.

Mein GOURMET-TIPP

Toppe deine Suppe mit Sprossen, Kräutern oder Sesamsamen. Für mehr Pepp gib noch Geflügelwürstchen, geräucherten Lachs oder gebratene Garnelen in die Suppe.

LINSENEINTOPF MIT KASSLER

ZUTATEN FÜR ZWEI PORTIONEN

400 g	**braune Linsen, Dose**
150 g	**Kassler**
1	**Stange Porree**
1	**Karotte**
1 TL	**Kokosöl**
200 ml	**Wasser +**
1 TL	**Gemüsebrühe**
2 EL	**Petersilie, tiefgefroren**
	Salz, Pfeffer

ZUBEREITUNG

- Kassler abspülen, mit Küchenpapier abtupfen und in Würfel schneiden.
- Karotte schälen und würfeln. Porree waschen und in Ringe schneiden.
- Kokosöl in einem hohen Topf erhitzen, Kassler, Porree und Karotte darin anschwitzen.
- Linsen, Wasser, Gemüsebrühe und Pfeffer hinzufügen und alles zum Kochen bringen.
- Eintopf etwa 10 Minuten bei mittlerer Hitze im geschlossenen Topf garen.
- Gehackte Petersilie unterrühren und nach Bedarf mit Salz und Pfeffer abschmecken.

*„Ich bin so satt,
ich schaffe kein …
Oh, Süßes!“*

SNACKS & SÜSSES

GEMÜSESTICKS MIT ASIA-TSATSIKI

ZUTATEN FÜR ZWEI PORTIONEN

200 ml	**Kokosmilch, Dose**
1	**kleine Gurke, fein geraspelt**
1 EL	**Dill, tiefgekühlt oder frisch**
1–2	**Knoblauchzehen, gepresst**
1–2 TL	**Zitronensaft**
1 TL	**Olivenöl**
	Salz, Pfeffer
300 g	**Gemüsesticks, z. B. Sellerie, Karotte, Paprika**

ZUBEREITUNG

- Gurke schälen und mit einer Reibe fein raspeln, mit Salz bestreuen und 10 Minuten ziehen lassen.
- Anschließend die Gurkenraspeln in einem Sieb ausdrücken.
- Den festen Bestandteil der Kokosmilch in eine Schüssel geben, mit Knoblauch, Öl, Zitronensaft, Salz und Pfeffer verrühren. Gurke und Dill unter den Tsatsiki heben.

ACE-SHAKE

ZUTATEN FÜR ZWEI SHAKES

4 EL	**Eiweißpulver, z. B. Vanille**
400 ml	**Karottensaft, ungesüßt**
½ – 1	**Zitrone, Saft**
2 EL	**Leinsamen, geschrotet**
	Stevia zum Süßen, nach Geschmack
	Wasser, nach Bedarf

ZUBEREITUNG

- Alle Zutaten mit dem Pürierstab oder im Mixer zu einem Shake mixen.

GURKEN-SCHIFFCHEN MIT THUNFISCH

ZUTATEN FÜR ZWEI PORTIONEN

200 g	**Sardinen ohne Haut und Gräten, in Öl eingelegt**
1	**Gurke**
2 TL	**Kapern**
2–3 EL	**Petersilie, gehackt**
2 TL	**Zitronensaft**
	Salz, Pfeffer

ZUBEREITUNG

- Gurke halbieren und mit einem Teelöffel aushöhlen. Gurkenfleisch grob hacken und überschüssiges Gurkenwasser abgießen.
- Sardinen abtropfen und überschüssiges Fett mit ein Küchentuch abtupfen.
- Gurkenfleisch, Sardinen, Kapern, Petersilie und Zitronensaft mit einer Gabel gut vermengen. Mit Salz und Pfeffer würzen und die Gurkenhälften damit füllen.

GEFÜLLTE KRABBEN-AVOCADO

ZUTATEN FÜR ZWEI PORTIONEN

200 g	**Nordseekrabben, frisch oder tiefgekühlt**
1–2	**Avocados**
1–2	**Handvoll Oliven, entsteint, klein geschnitten**
	Salz, Pfeffer

Mein GOURMET-TIPP

Die Füllung noch mit gewürfelter Salatgurke ergänzen.

ZUBEREITUNG

- Krabben auftauen, mit kaltem Wasser abspülen und abtropfen lassen. Anschließend die Shrimps grob hacken.
- Avocado halbieren und den Kern entfernen. Wichtig: Avocado nicht schälen!
- Avocado aushöhlen und das Fleisch mit den Oliven und Krabben vermengen. Mit Salz und Pfeffer abschmecken.
- Shrimps und Avocado wieder in die ausgehöhlte Avocado füllen, fertig!

GRÜNKOHL-CHIPS

ZUTATEN FÜR ZWEI PORTIONEN

200 g **Grünkohl, in mundgerechten Stücken**
2 EL **Olivenöl**
Hefeflocken
Salz

ZUBEREITUNG

- Grünkohl in eine große Schüssel geben und mit dem Olivenöl und dem Salz vermischen. Am besten mit den Händen „kneten", sodass alles gut vermengt ist.
- Den Kohl auf ein mit Backpapier ausgelegtes Backblech geben.
- Eine dünne Schicht Hefeflocken über die Chips streuen. Für ca. 10 Minuten bei 180 °C Ober- und Unterhitze im Backofen knusprig werden lassen.

GURKENSANDWICH

ZUTATEN FÜR ZWEI PORTIONEN

1	**Gurke, längs halbiert**
2 TL	**Erdnussbutter, gesalzen**
6–8	**Scheiben Räuchertofu**

ZUBEREITUNG

- Gurke mithilfe eines Esslöffels von den Kernen befreien.
- Mit der Erdnussbutter bestreichen und mit dem Räuchertofu belegen.
- Die andere Hälfte der Gurke als Deckel darauf legen und das Gurken-Sandwich vor dem Servieren schräg anschneiden.

GEBRANNTE MANDELN

ZUTATEN FÜR ZWEI PORTIONEN

60 g **ganze Mandeln**
Ceylon-Zimt, nach Belieben
Stevia, nach Belieben
Bourbon-Vanillepulver, gemahlen

ZUBEREITUNG

- Die Mandeln in einer beschichteten Pfanne ohne Fett rösten, bis sie gut duften.
- In eine Schale geben und mit den Gewürzen abschmecken.
- Es lassen sich auch größere Mengen vorbereiten, doch Vorsicht: Suchtgefahr!

Für die herzhafte Variante einfach die Mandeln nach dem Rösten mit Salz, Paprika und Curry oder einer anderen Gewürzmischung mischen.

NUSSMUFFINS

ZUTATEN FÜR SECHS MUFFINS

2	**Eiklar**
3	**Eier**
80 g	**Proteinpulver, Vanille**
100 g	**Haselnüsse, gemahlen**
2	**Möhren, geraspelt**
1 TL	**Zimt**
2 EL	**Stevia**
1 TL	**Backpulver**

Muffinförmchen (entweder Silikon- oder Papierförmchen)

ZUBEREITUNG

- Backofen auf 180 °C Ober- und Unterhitze vorheizen.
- Eiklar mit dem Handrührgerät steif schlagen.
- Eier, gemahlene Haselnüsse, Möhren, Proteinpulver, Zimt, Stevia und Backpulver miteinander verquirlen. Den Rührteig unter den steifgeschlagenen Eischnee heben. Teig in Muffinförmchen füllen und im Ofen für ca. 15 Minuten goldbraun backen.

LOW CARB SCHOKO-CREME

ZUTATEN FÜR ZWEI PORTIONEN

1	**Avocado**
1–2 EL	**Kakao, stark entölt**
1 TL	**Bourbon-Vanillepulver, gemahlen**
50 ml	**Mandeldrink, ungesüßt**
	Stevia zum Süßen

ZUBEREITUNG

- Die Avocado halbieren und das Fruchtfleisch grob würfeln. In eine Schüssel oder in einen Standmixer geben.
- Kakaopulver, Mandeldrink und Vanillepulver hinzufügen und alles zu einer cremigen Masse pürieren. Nach Bedarf noch mit Stevia süßen.

Mein **GOURMET-TIPP**

Schoko-Creme noch mit Mandelblättchen oder Kokosflocken bestreuen.

SCHOKO-COOKIES

ZUTATEN FÜR SECHS COOKIES

50 g	**Eiweißpulver, Schoko**
1	**Ei**
1 EL	**Nussmus, z. B. Erdnussmus, ungesüßt**
1–2 EL	**gehackte Nüsse**
1 EL	**Stevia oder Streusüße**
	Wasser nach Bedarf

ZUBEREITUNG

- Backofen auf 200 °C vorheizen.
- Alle Zutaten in eine Schüssel geben und gut verkneten. Falls der Teig zu trocken ist, etwas Wasser hinzugeben. Nun den glatten Teig zu Plätzchen formen und im Backofen ca. 10 Minuten backen.

KOKOS-FLAN

ZUTATEN FÜR ZWEI PORTIONEN

400 ml Mandeldrink, alternativ Kokos- oder Nussdrink
3 Eier
1 Tasse Kokosraspeln
1 TL Vanille, gemahlen
Stevia zum Süßen

Nach Bedarf: zuckerfreie Karamellsoße

ZUBEREITUNG

- Backofen auf 180 °C Ober- und Unterhitze vorheizen.
- Eier, Vanillepulver und 1–2 EL Stevia mit dem Handrührgerät schaumig schlagen. Kokosraspeln und Mandeldrink vorsichtig unterheben. Nur so lange rühren, bis alles vermischt ist. Masse in eine bzw. mehrere kleine ofenfeste Schälchen füllen.
- Ein tiefes Backblech mit etwas Wasser füllen und die Formen im Wasserbad für ca. 40–45 Minuten (30–40 Min bei kleinen Schälchen) garen.

CHIA-PUDDING

ZUTATEN FÜR ZWEI PORTIONEN

4 EL	**Chia-Samen**
200 ml	**Nuss-, Kokos- oder Sojadrink**
1–2 EL	**gehackte Nüsse**

ZUBEREITUNG

- Je 2 EL Chia-Samen mit 100 ml Nussdrink vermengen und in ein Schälchen oder Schraubglas füllen und für ca. 15 Minuten, am besten über Nacht, im Kühlschrank quellen lassen.
- Nach Belieben mit gehackten Nüssen toppen.

PROTEINREICHE VANILLE-TALER

ZUTATEN FÜR ZWANZIG KEKSE

120 g	**gemahlene Nüsse, z. B. Haselnüsse oder Mandeln**
1 EL	**Eiweißpulver, Whey mit Vanillegeschmack**
1–2 TL	**Bourbon-Vanillepulver, gemahlen**
½ TL	**Mandelmehl**
1	**Eigelb**
1	**Prise Salz**
80 g	**Kokosöl, flüssig**
1–2 TL	**gehackte Mandeln**
1–2 EL	**Stevia**

ZUBEREITUNG

- Backofen auf 190 °C Ober- und Unterhitze vorheizen.
- Trockene Zutaten miteinander vermengen: Gemahlene Nüsse, Eiweißpulver, Mandelmehl und Vanillepulver vermengen.
- Eigelb, Stevia und 1 Prise Salz schaumig schlagen. Kokosöl unterrühren. Die Nussmischung in die Rührschüssel sieben und alles auf geringer Stufe zu einem glatten Teig verkneten.
- Teig auf einer bemehlten Arbeitsfläche ausrollen und Kreise ausstechen.
- Alles auf einem mit Backpapier ausgelegten Backblech verteilen, mit gehackten Mandeln bestreuen und für ca. 10 Minuten im Ofen backen.

„Wenn dir das Leben Zitronen gibt, dann frag nach etwas mit mehr Proteinen!“

AFTER-WORKOUT-SHAKES

PFIRSICH-QUARK-SHAKE

ZUTATEN FÜR ZWEI SHAKES

500 g	**Magerquark**
2	**Pfirsiche**
½ TL	**Bourbon-Vanillepulver, gemahlen**
	Stevia zum Süßen
150 ml	**Wasser oder Kokos- bzw. Nussdrink**

ZUBEREITUNG

- Alle Zutaten mit dem Pürierstab oder im Mixer zu einem Shake mixen.

Statt Pfirsich kannst du auch Himbeeren, gemischtes Beerenobst, Mango oder dein Lieblingsobst verwenden. Wenn das Obst keine Saison hat, dann greif einfach auf Tiefkühlware zurück.

ERDBEER-MINZ-SHAKE

ZUTATEN FÜR ZWEI SHAKES

250 g	**Magerquark**
300 g	**Joghurt, ungesüßt**
200 g	**Erdbeeren, frisch oder tiefgefroren**
3–4	**Blätter Minze, frisch**

ZUBEREITUNG

- Die Erdbeeren waschen und putzen. Zusammen mit den restlichen Zutaten in einen Mixer geben und zu einem Shake mixen. Nach Bedarf noch etwas Wasser hinzufügen.

Sehr erfrischend schmeckt auch ein Gurken-Minze-Shake: statt der Erdbeeren einfach eine halbe Gurke in den Shake geben.

MANGO-LASSI

ZUTATEN FÜR ZWEI SHAKES

250 g	**Magerquark**
300 g	**Joghurt**
1	**Mango**
½ TL	**Vanille, gemahlen**

ZUBEREITUNG

- Die Mango schälen und in grobe Stücke schneiden. Zusammen mit den restlichen Zutaten in einen Mixer geben und zu einem Shake mixen.

GRÜNER KRAFT-SHAKE

ZUTATEN FÜR ZWEI SHAKES

2	**Handvoll Feldsalat oder Babyspinat**
1	**Banane**
½	**Gurke**
4 EL	**Eiweißpulver, z. B. Whey Vanillegeschmack**
250 ml	**Mandel- oder Kokosdrink, ungesüßt**
	nach Bedarf Wasser

ZUBEREITUNG

- Alle Zutaten mit dem Pürierstab oder im Mixer zu einem Shake mixen.

BIRNEN-BUTTERMILCH-SHAKE

ZUTATEN FÜR ZWEI SHAKES

400 ml	**Buttermilch, ungesüßt**
500 g	**Magerquark**
1–2	**Birnen, grob geschnitten**
3–4	**Basilikumblätter**
1	**Stück Ingwer, geschält**

ZUBEREITUNG

- Alle Zutaten mit dem Pürierstab oder im Mixer zu einem Shake mixen.

AFTER-WORKOUT-SHAKES

BANANEN-PROTEIN-SHAKE

ZUTATEN FÜR ZWEI SHAKES

60 g **Eiweißpulver, Vanille**
500 ml **Buttermilch**
1–2 **Bananen**

ZUBEREITUNG

- Alle Zutaten mit dem Pürierstab oder im Mixer zu einem Shake mixen.

REGISTER

★ *Für krasse Köche & wenn's mal etwas aufwendiger sein soll*

Impressum

„koch dich krass“ ist ein Produkt der 7NXT Health GmbH
Rungestraße 22-24
D-10179 Berlin
Geschäftsführer: Manuel Uhlitzsch, Malte Fehr

Idee, Konzept, Vorwort: Daniel Aminati
Rezeptentwicklung: Stefanie Ganter, Mehret Haile, Melanie Eberlein
Lektorat: Melanie Eberlein
Projektleitung: Michaela Jankowsky
Projektkoordination: Hans-Christian Zell, Natalie Liebe, Christin Seibert

Bilder: 7NXT Health GmbH, Mehret Haile
Layout, Satz und Bildbearbeitung: Kathrin Conrads
Druck: Buchdruck.de Berlin

Wichtiger Hinweis
Sämtliche Inhalte dieses Buchs wurden von den Autoren nach bestem Wissen und Gewissen recherchiert und sorgfältig geprüft. Sie bieten jedoch keinen Ersatz für eine individuelle medizinische Beratung. Weder die Autoren noch der Verlag haften für eventuelle Nachteile oder Schäden, die direkt oder indirekt aus den im Buch gegebenen praktischen Hinweisen resultieren.

1. Auflage 2015
ISBN 978-3-00-051762-4

7NXT